HANNIBAL
THE SCOURGE OF ROME

LIVY

HANNIBAL
THE SCOURGE OF ROME

Edited with Introduction,
Notes and Vocabulary by

E.D.C. Lake and F.S. Porter

Bristol Classical Press

First published by Cambridge University Press in 1934
Reprinted 1976

This edition published in 1984, with permission of the Syndics of the
Cambridge University Press, by
Bristol Classical Press
an imprint of
Gerald Duckworth & Co. Ltd
61 Frith Street
London W1D 3JL
e-mail: inquiries@duckworth-publishers.co.uk
Website: www.ducknet.co.uk

Reprinted 1994, 2001

A catalogue record for this book is available
from the British Library

ISBN 0-86292-131-7

Printed in Great Britain by
Antony Rowe Ltd, Eastbourne

CONTENTS

INTRODUCTION

A. The Punic Wars

The struggle between Rome and Carthage was one of the great events in the history of the ancient world. Upon the issue of it depended the future of all the lands surrounding the Mediterranean. If Carthage had been victorious, the Western world would have been brought under the domination of Eastern ideas; for the Carthaginians were a Phoenician race and retained the Oriental characteristics of their forefathers. Like the struggle between Greece and Persia, the struggle between Rome and Carthage was another phase of the age-long conflict of East and West. Rome saved the West, as Greece had done before her; and the virile character of the Roman was, fortunately, destined to become the basis of European civilization.

In the First Punic War, 264–241 B.C., Rome won the first round of the contest. But when peace was made and the Carthaginians, according to its terms, had to evacuate Sicily, Hamilcar Barca, the greatest of the Carthaginian leaders, who had never himself been defeated by the Romans, returned to Carthage thirsting for revenge. The great Barcine faction, of which he was the head, was quite prepared to support him in his policy of undying hostility to Rome. But there was a considerable peace party at Carthage, which might impede, or

even checkmate, the accomplishment of his aims.
Hamilcar, accordingly, determined to cross over to
the Carthaginian settlement in Spain and to build
up there a strong Carthaginian domain, which
might serve as a future base of operations against
Rome. For nine years he worked to this end, and
if he had lived longer he would without doubt, as
Livy says, have attempted the invasion of Italy,
which his more famous son was destined ultimately
to lead. At his death his place was taken by his
brother Hasdrubal, who succeeded in extending
Carthaginian influence more by diplomacy than
by war. When he was assassinated by a native
Spaniard, Hannibal was already old enough to be
raised to the command, with the universal approba-
tion of the army.

Hannibal lost little time in attempting the task
which he had inherited from his father and his uncle
and which he had, as a boy, sworn to his father to
carry out. His first achievement was the capture
of Saguntum, a city south of the Ebro, in alliance
with Rome, which he could not afford to leave
unsubdued in his rear. Thanks to the slowness of
the Romans in grasping the situation, he was able
to capture the city before war between Carthage
and Rome was actually declared. The way was then
open for the invasion of Italy (218 B.C.).

That the Romans did not realize their danger
is perhaps excusable. An invasion of Italy from
Spain was an audacious plan, and the Romans may
well have believed that, even if Hannibal could

overcome the stupendous difficulty of crossing the
Alps, his army would be in no fit condition, after
such an effort, to endanger the stability of the
Roman state. The Romans could not have foreseen
that in Hannibal they had to face a genius in the
art of war.

Hannibal's plan was grandiose, but it was based,
in general, on sound principles, even if some of his
anticipations were too sanguine. He would cross
the Alps and reinforce his army with valuable
recruits from among the Gauls in the valley of the
Po, who had recently been conquered by Rome and
who were known to be seething with discontent;
he would defeat the Romans in the field; and when
he had weakened their power and shaken their
prestige by repeated blows, he would stir the Latin
and Italian subjects in South Italy to revolt against
their mistress; reinforcements would follow him
from Spain; communication would be opened up
with Carthage by way of Sicily; Greek princes,
whom he had already taken steps to sound, would
join in a concerted attack on the common foe, and
by such a concentration of forces Rome would be
brought to her knees.

The attempt failed, as we know. With the three
mighty victories of Trebia, Trasimene and Cannae,
Hannibal achieved success in the first part of his
scheme. But reinforcements did not come from
Spain. Rome, with sound instinct, used her command of the sea to attack and finally overthrow the
Carthaginian power there; and it was only owing

to a momentary carelessness of her general that
Hasdrubal was allowed to issue from Spain and to
make his way to Italy, only to meet his fate on the
banks of the Metaurus. The jealousy of his opponents
at Carthage deprived Hannibal of any effective aid
from Africa. His Greek allies proved a broken reed.
There was no general uprising of Latins and Italians
against Rome. So, finally, after fifteen years in
Italy, Hannibal was drawn back to Africa to defend
Carthage against the direct thrust at the capital,
which a sound policy at last induced the Romans to
make; and the battle of Zama definitely decided
the issue of the struggle in favour of Rome.

What were the real reasons of Hannibal's failure
and Rome's success? The genius of a single man
was pitted against the character of a people. And
character won. Hannibal was pre-eminently great
as a general and as a leader of men, great enough to
rank with Alexander, Caesar, Marlborough and
Napoleon. But he had only an army behind him,
not a nation; an army of mercenaries, not of fellow-
citizens. The Carthaginians were a commercial
people; they fought only when compelled; and their
armies, though largely led by Carthaginian officers,
were composed of mercenaries. The government,
a corrupt oligarchy of wealth, was unsympathetic,
if not hostile, towards Hannibal even in the hour
of his triumphs, and the people generally lacked the
healthy patriotism natural to such a free and in-
dependent nation as the Romans.

Rome had, at the start, nothing but commonplace generals to oppose to Hannibal. The inept practice of dividing the supreme command between two consuls, holding office only for a year, handicapped her in pursuing any satisfactorily thought-out plan of campaign. In addition, she was, in this as in other wars, slow in getting under way, and Hannibal was across the Rhone and approaching the Alps, before any effective steps were taken.

But the Senate, in spite of its mistakes and its political squabbles, was a magnificent governing body at a crisis. It showed the best Roman qualities of courage determination and perseverance; and it was backed by a people fundamentally like itself. Rome might be defeated in the field, but would never yield. The city itself was impregnable, as far as Hannibal was concerned, and Hannibal knew it. The issue of the war, after Cannae, turned on the question whether Hannibal could rouse a spirit of revolt in the communities of South Italy.

. He failed, though at one time he had hopes of success. The greatness of Rome was shown by the skill with which she had dealt with conquered peoples. By a generally wise and sometimes generous treatment of the vanquished, by carefully separating them from each other and attaching them to herself under special treaties, by allowing them to retain much of their native customs and organization of life, she had knit together a confederation of communities, which had some pride in their connection with Rome and hopes of gaining higher privileges and improved status. Their loyalty was not easily to be shaken. Moreover, by the settlement of her veterans in *coloniae*, military settlements in conquered territory, and by the network of military roads which she had constructed, Rome had tightened her hold on the whole of Italy.

But, above all, it was the character of the individual Roman that saved Rome. Her army was a citizen army fighting for home and family against mercenaries. Even when the incapacity and divided counsels of her generals had exposed her to three terrific defeats, the grit, discipline and courage of the Roman soldier remained unshaken. And it was certain that, with more experienced generals and a sounder strategy, the legionaries would ultimately triumph.

After the battle of Cannae, C. Terentius Varro, to whose stupidity and rashness the disaster was mainly due, collected what troops he could from the wreck of his army and returned to Rome. When he approached the city, men of every rank came out to meet him, and the Senate, who had always hated and despised him as a demagogue, passed a vote of thanks to him, because he had not despaired of the Republic. Livy adds, with a touch of natural pride, that, if he had been a Carthaginian general, there was no punishment to which he would not have been subjected. The incident helps to explain why Rome proved the victor.

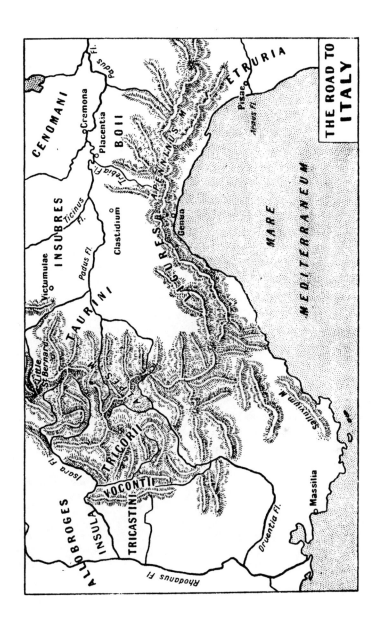

THE ROAD TO
ITALY

AMBITION

Expende Hannibalem: quot libras in duce summo
invenies? hic est, quem non capit Africa Mauro
percussa oceano Niloque admota tepenti
rursus ad Aethiopum populos aliosque elephantos?
additur imperiis Hispania, Pyrenaeum
transilit. opposuit natura Alpemque nivemque:
diducit scopulos et montem rumpit aceto.
iam tenet Italiam, tamen ultra pergere tendit.
"actum" inquit "nihil est, nisi Poeno milite portas
frangimus et media vexillum pono Subura."
o qualis facies et quali digna tabella,
cum Gaetula ducem portaret belua luscum.
exitus ergo quis est? o gloria, vincitur idem
nempe et in exilium praeceps fugit atque ibi magnus
mirandusque cliens sedet ad praetoria regis,
donec Bithyno libeat vigilare tyranno.
finem animae quae res humanas miscuit olim,
non gladii, non saxa dabunt nec tela, sed illa
Cannarum vindex et tanti sanguinis ultor
anulus. i demens et saevas curre per Alpes,
ut pueris placeas et declamatio fias.

JUVENAL *Sat.* x. 147–167

B. Livy as Historian and Writer

Livy was born in 59 B.C., a full generation later than Cicero, and it will be found that his Latin differs in many respects from that of the Ciceronian Age. But that is a small point. He is a historian of great dramatic power. Few ancient writers can bring a scene or a character before us with more vivid and picturesque effect. His descriptions of Hannibal's passage of the Alps, of the battle of Lake Trasimene and of the scenes in Rome on receipt of the news of the disaster are conspicuous examples of his powers; but almost any page will give proof of the historian's dramatic skill. The speeches are equally remarkable for rhetorical power and insight into character. They are, of course, not historical. It was the custom of the ancient historian to intersperse his narrative with imaginary speeches, which he put into the mouth of a warrior or a statesman at some critical moment. The only limit to the writer's imagination was that the speeches must be such as would fit the character of the speaker and the facts of the situation. By this device Livy is able to convey to us his view of the character of the speaker and his criticism of the means proposed to meet the particular situation.

But Livy is not a scientific historian. Although he professes to weigh one authority against another, he is often inaccurate and unintelligible in detail. For instance, he gives a vivid and dramatic account of the three great Roman defeats. The description of the battle of Lake Trasimene is clear, because the tactics of the battle were simple and interesting. But in describing the defeats on the Trebia and at Cannae, although successful in giving a true and dramatic impression of the general struggle, Livy is so confused in his description of the details of the fighting, that, from his account alone and unassisted by the Greek historian, Polybius, we can get nothing but the vaguest idea of the tactics employed in the battle.

HANNIBAL

THE SCOURGE OF ROME

§ 1

The importance of the war.

indirect statement

In parte operis mei licet mihi praefari, quod in
principio summae totius professi plerique sunt
rerum scriptores, bellum maxime omnium memo-
rabile, quae umquam gesta sint, me scripturum,
quod Hannibale duce Carthaginienses cum populo 5
Romano gessere. Nam neque validiores opibus
ullae inter se civitates gentesque contulerunt arma,
neque his ipsis tantum umquam virium aut roboris
fuit, et haud ignotas belli artes inter sese sed
expertas primo Punico conferebant bello, et adeo 10
varia fortuna belli ancepsque Mars fuit, ut propius
periculum fuerint, qui vicerunt. Odiis etiam prope *adverb*
maioribus certarunt quam viribus, Romanis in-
dignantibus, quod victoribus victi ultro inferrent
arma, Poenis, quod superbe avareque crederent 15
imperitatum victis esse. Fama est etiam Hannibalem annorum ferme novem pueriliter blandien-
tem patri Hamilcari, ut duceretur in Hispaniam,
cum perfecto Africo bello exercitum eo traiecturus
sacrificaret, altaribus admotum tactis sacris iure 20
iurando adactum se, cum primum posset, hostem
fore populo Romano.

1

§ 2

Character of Hannibal.

Missus Hannibal in Hispaniam primo statim
adventu omnem exercitum in se convertit; Hamil-
carem iuvenem redditum sibi veteres milites
credere; eundem vigorem in vultu vimque in oculis,
5 habitum oris lineamentaque intueri. Dein brevi
effecit, ut pater in se minimum momentum ad
favorem conciliandum esset; numquam ingenium
idem ad res diversissimas, parendum atque im-
perandum, habilius fuit. Itaque haud facile dis-
10 cerneres, utrum imperatori an exercitui carior esset;
neque Hasdrubal alium quemquam praeficere
malle, ubi quid fortiter ac strenue agendum esset,
neque milites alio duce plus confidere aut audere.
Plurimum audaciae ad pericula capessenda, pluri-
15 mum consilii inter ipsa pericula erat. Nullo labore
aut corpus fatigari aut animus vinci poterat.
Caloris ac frigoris patientia par; cibi potionisque
desiderio naturali, non voluptate modus finitus;
vigiliarum somnique nec die nec nocte discriminata
20 tempora; id quod gerendis rebus superesset quieti
datum; ea neque molli strato neque silentio accer-
sita; multi saepe militari sagulo opertum humi
iacentem inter custodias stationesque militum
conspexerunt. Vestitus nihil inter aequales ex-
25 cellens; arma atque equi conspiciebantur. Equitum
peditumque idem longe primus erat; princeps in
proelium ibat, ultimus conserto proelio excedebat.
Has tantas viri virtutes ingentia vitia aequabant:

2

inhumana crudelitas, perfidia plus quam Punica,
nihil veri, nihil sancti, nullus deum metus, nullum 30
ius iurandum, nulla religio. Cum hac indole vir-
tutum atque vitiorum triennio sub Hasdrubale
imperatore meruit nulla re, quae agenda videndaque magno futuro duci esset, praetermissa.

§ 3

The siege of Saguntum. Hannibal is wounded.

Dum ea Romani parant consultantque, iam Saguntum summa vi oppugnabatur. Civitas ea longe
opulentissima ultra Hiberum fuit, sita passus mille
ferme a mari. Oriundi a Zacyntho insula dicuntur,
mixtique etiam ab Ardea Rutulorum quidam 5
generis; ceterum in tantas brevi creverant opes seu
maritimis seu terrestribus fructibus seu multi-
tudinis incremento seu disciplinae sanctitate, qua
fidem socialem usque ad perniciem suam coluerunt.
Hannibal infesto exercitu ingressus fines pervastatis 10
passim agris urbem tripertito aggreditur. Angulus
muri erat in planiorem patentioremque quam
cetera circa vallem vergens. Adversus eum vineas
agere instituit, per quas aries moenibus admoveri
posset. Sed ut locus procul muro satis aequus 15
agendis vineis fuit, ita haudquaquam prospere,
postquam ad effectum operis ventum est, coeptis
succedebat. Et turris ingens imminebat, et murus,
ut in suspecto loco, supra ceterae modum altitudinis emunitus erat, et iuventus delecta, ubi 20
plurimum periculi ac timoris ostendebatur, ibi vi

3

maiore obsistebant. Ac primo missilibus sub-
movere hostem nec quicquam satis tutum munien-
tibus pati; deinde iam non pro moenibus modo
25 atque turri tela micare, sed ad erumpendum etiam
in stationes operaque hostium animus erat; quibus
tumultuariis certaminibus haud ferme plures
Saguntini cadebant quam Poeni. Ut vero Hannibal ipse, dum murum incautius subit, adversum
30 femur tragula graviter ictus cecidit, tanta circa
fuga ac trepidatio fuit, ut non multum abesset,
quin opera ac vineae desererentur.

§ 4

A large breach is made in the wall of the city, but the
Saguntines, after a desperate battle, defend it successfully.
The *phalarica*.

Obsidio deinde per paucos dies magis quam
oppugnatio fuit, dum vulnus ducis curaretur. Per
quod tempus ut quies certaminum erat, ita ab
apparatu operum ac munitionum nihil cessatum.
5 Itaque acrius de integro coortum est bellum,
pluribusque partibus, vix accipientibus quibusdam
opera locis, vineae coeptae agi admoverique aries.
Abundabat multitudine hominum Poenus; ad
centum quinquaginta milia habuisse in armis satis
10 creditur; oppidani ad omnia tuenda atque obeunda
multifariam distineri coepti non sufficiebant.
Itaque iam feriebantur arietibus muri, quassa-
taeque multae partes erant; una continentibus
ruinis nudaverat urbem; tres deinceps turres quan-

tumque inter eas muri erat cum fragore ingenti 15
prociderant. Captum oppidum ea ruina credi-
derant Poeni; qua, velut si pariter utrosque murus
texisset, ita utrimque in pugnam procursum est.
Nihil tumultuariae pugnae simile erat, quales in
oppugnationibus urbium per occasionem partis 20
alterius conseri solent, sed iustae acies velut patenti
campo inter ruinas muri tectaque urbis modico
distantia intervallo constiterant. Hinc spes, hinc
desperatio animos inritat, Poeno cepisse iam se
urbem, si paulum adnitatur, credente, Saguntinis 25
pro nudata moenibus patria corpora opponentibus,
nec ullo pedem referente, ne in relictum a se locum
hostem immitteret. Itaque quo acrius et confertim
magis utrimque pugnabant, eo plures vulnera-
bantur nullo inter arma corporaque vano inter- 30
cidente telo. Phalarica erat Saguntinis missile
telum hastili abiegno et cetera tereti praeterquam
ad extremum, unde ferrum exstabat; id, sicut in
pilo, quadratum stuppa circumligabant linebantque
pice; ferrum autem tres longum habebat pedes, ut 35
cum armis transfigere corpus posset. Sed id maxime,
etiam si haesisset in scuto nec penetrasset in corpus,
pavorem faciebat, quod, cum medium accensum
mitteretur conceptumque ipso motu multo maiorem
ignem ferret, arma omitti cogebat nudumque mili- 40
tem ad insequentes ictus praebebat. Cum diu
anceps fuisset certamen, et Saguntinis, quia praeter
spem resisterent, crevissent animi, Poenus, quia
non vicisset, pro victo esset, clamorem repente
oppidani tollunt hostemque in ruinas muri expel- 45

5

lunt, inde impeditum trepidantemque exturbant,
postremo fusum fugatumque in castra redigunt.

§ 5

A breach is again made, and, in spite of Hannibal's tem-
porary absence, the Saguntines are driven from defence to
defence.

Dum Romani tempus terunt legationibus mittendis,
Hannibal, quia fessum militem proeliis operibusque
habebat, paucorum iis dierum quietem dedit
stationibus ad custodiam vinearum aliorumque
5 operum dispositis. Interim animos eorum nunc ira,
in hostes stimulando, nunc spe praemiorum accendit. Ut vero pro contione praedam captae urbis
edixit militum fore, adeo accensi omnes sunt, ut, si
extemplo signum datum esset, nulla vi resisti
10 videretur posse. Saguntini, ut a proeliis quietem
habuerant, nec lacessentes nec lacessiti per aliquot
dies, ita non nocte, non die umquam cessaverant
ab opere, ut novum murum ab ea parte, qua pate-
factum oppidum ruinis erat, reficerent. Inde
15 oppugnatio eos aliquanto atrocior quam ante
adorta est, nec, qua primum aut potissimum parte
ferrent opem, cum omnia variis clamoribus stre-
perent, satis scire poterant. Ipse Hannibal, qua
turris mobilis omnia munimenta urbis superans
20 altitudine agebatur, hortator aderat. Quae cum
admota catapultis ballistisque per omnia tabulata
dispositis muros defensoribus nudasset, tum Hannibal occasionem ratus quingentos ferme Afros

6

cum dolabris ad subruendum ab imo murum mittit.
Nec erat difficile opus, quod caementa non calce 25
durata erant, sed interlita luto structurae antiquae
genere. Itaque latius, quam qua caederetur, ruebat,
perque patentia ruinis agmina armatorum in urbem
vadebant. Locum quoque editum capiunt, con-
latisque eo catapultis ballistisque, ut castellum in 30
ipsa urbe velut arcem imminentem haberent, muro
circumdant; et Saguntini murum interiorem ab
nondum capta parte urbis ducunt. Utrimque
summa vi et muniunt et pugnant; sed interiora
tuendo minorem in dies urbem Saguntini faciunt. 35
Simul crescit inopia omnium longa obsidione et
minuitur expectatio externae opis, cum tam procul
Romani, unica spes, circa omnia hostium essent.
Paulisper tamen adfectos animos recreavit repen-
tina profectio Hannibalis in Oretanos Carpetanos- 40
que, qui duo populi dilectus acerbitate consternati,
retentis conquisitoribus metum defectionis cum
praebuissent, oppressi celeritate Hannibalis omis-
erunt mota arma. Nec Sagunti oppugnatio segnior
erat, Maharbale Himilconis filio—eum praefecerat 45
Hannibal—ita impigre rem agente, ut ducem
abesse nec cives nec hostes sentirent. Is et proelia
aliquot secunda fecit et tribus arietibus aliquantum
muri discussit, strataque omnia recentibus ruinis
advenienti Hannibali ostendit. Itaque ad ipsam 50
arcem extemplo ductus exercitus, atroxque proelium cum multorum utrimque caede initum, et pars
arcis capta est.

7

§ 6

Alco visits Hannibal to try to gain terms for Saguntum,
and after a vain effort remains in the Carthaginian camp.
Alorcus brings Hannibal's conditions to the Saguntines and
recommends their acceptance.

Temptata deinde per duos est exigua pacis spes,
Alconem Saguntinum et Alorcum Hispanum. Alco
insciis Saguntinis, precibus aliquid moturum ratus,
cum ad Hannibalem noctu transisset, postquam
5 nihil lacrimae movebant, condicionesque tristes ut *puzzle*
ab irato victore ferebantur, transfuga ex oratore
factus apud hostem mansit, moriturum adfirmans,
qui sub condicionibus iis de pace ageret. Postula-
batur autem, redderent res Turdetanis, traditoque
10 omni auro atque argento egressi urbe cum singulis
vestimentis ibi habitarent, ubi Poenus iussisset.
Has pacis leges abnuente Alcone accepturos Sagun-
tinos, Alorcus, vinci animos, ubi alia vincantur,
adfirmans, se pacis eius interpretem fore pollicetur;
15 erat autem tum miles Hannibalis, ceterum publice
Saguntinis amicus atque hospes. Tradito palam
telo custodibus hostium, transgressus munimenta
ad praetorem Saguntinum—et ipse ita iubebat—
est deductus. Quo cum extemplo concursus omnis
20 generis hominum esset factus, submota cetera
multitudine senatus Alorco datus est, cuius talis
oratio fuit. "Si civis vester Alco, sicut ad pacem
petendam ad Hannibalem venit, ita pacis condiciones ab Hannibale ad vos rettulisset, super-
25 vacaneum hoc mihi fuisset iter, quo nec orator
Hannibalis nec transfuga ad vos veni; sed cum ille

8

aut vestra aut sua culpa manserit apud hostem—
sua, si metum simulavit, vestra, si periculum est
apud vos vera referentibus,—ego, ne ignoraretis
esse aliquas et salutis et pacis vobis condiciones, 30
pro vetusto hospitio, quod mihi vobiscum est, ad
vos veni. Vestra autem causa me nec ullius alterius
loqui, quae loquor apud vos, vel ea fides sit, quod
neque, dum vestris viribus restitistis, neque, dum
auxilia ab Romanis sperastis, pacis umquam apud 35
vos mentionem feci. Postquam nec ab Romanis
vobis ulla est spes, nec vestra vos iam aut arma aut
moenia satis defendunt, pacem adfero ad vos magis
necessariam quam aequam. Cuius ita aliqua spes
est, si eam, quem ad modum ut victor fert Hannibal, 40
sic vos ut victi audietis, et non id, quod amittitur,
in damno, cum omnia victoris sint, sed quidquid
relinquitur pro munere habituri estis./Urbem vobis,
quam ex magna parte dirutam, captam fere totam
habet, adimit, agros relinquit locum adsignaturus, 45
in quo novum oppidum aedificetis. Aurum et
argentum omne, publicum privatumque, ad se iubet
deferri; corpora vestra, coniugum ac liberorum
vestrorum servat inviolata, si inermes cum binis
vestimentis velitis ab Sagunto exire. Haec victor 50
hostis imperat; haec, quamquam sunt gravia atque
acerba, fortuna vestra vobis suadet. Equidem haud
despero, cum omnium potestas ei facta sit, aliquid
ex his rebus remissurum; sed vel haec patienda
censeo potius, quam trucidari corpora vestra, rapi 55
trahique ante ora vestra coniuges ac liberos belli
iure sinatis.''

9

§ 7

Before a final decision is taken, the chief men burn themselves
alive, and the Carthaginians, forcing their way in through
a new breach, capture the city. A cruel slaughter follows.

Ad haec audienda cum circumfusa paulatim multitudine permixtum senatui esset populi concilium,
repente primores secessione facta, priusquam re-
sponsum daretur, argentum aurumque omne ex
5 publico privatoque in forum conlatum in ignem ad
id raptim factum conicientes, eodem plerique semet
ipsi praecipitaverunt. Cum ex eo pavor ac trepidatio totam urbem pervasisset, alius insuper
tumultus ex arce auditur. Turris diu quassata
10 prociderat, perque ruinam eius cohors Poenorum
impetu facto cum signum imperatori dedisset
nudatam stationibus custodiisque solitis hostium
esse urbem, non cunctandum in tali occasione ratus
Hannibal, totis viribus adgressus urbem momento
15 cepit signo dato, ut omnes puberes interficerentur.
Quod imperium crudele, ceterum prope necessarium cognitum ipso eventu est; cui enim parci
potuit ex iis, qui aut inclusi cum coniugibus ac liberis
domos super se ipsos concremaverunt aut armati
20 nullum ante finem pugnae quam morientes fecerunt?
Captum oppidum est cum ingenti praeda. Quamquam pleraque ab dominis de industria corrupta
erant, et in caedibus vix ullum discrimen aetatis ira
fecerat, et captivi militum praeda fuerant, tamen
25 et ex pretio rerum venditarum aliquantum pecuniae
redactum esse constat et multam pretiosam supel-
lectilem vestemque missam Carthaginem.

§ 8

The Romans, indignant at the fall of Saguntum, prepare for war and send an embassy to Carthage. A dramatic declaration of war.

Sub idem fere tempus et legati, qui redierant ab Carthagine, Romam rettulerunt omnia hostilia esse, et Sagunti excidium nuntiatum est; tantusque simul maeror patres misericordiaque sociorum peremptorum indigne et pudor non lati auxilii et 5 ira in Carthaginienses metusque de summa rerum cepit, velut si iam ad portas hostis esset, ut tot uno tempore motibus animi turbati trepidarent magis quam consulerent; nam neque hostem acriorem bellicosioremque secum congressum, nec rem 10 Romanam tam desidem umquam fuisse atque imbellem. Sardos Corsosque et Histros atque Illyrios lacessisse magis quam exercuisse Romana arma, et cum Gallis tumultuatum verius quam belligeratum; Poenum hostem veteranum, trium et viginti anno- 15 rum militia durissima inter Hispanas gentes semper victorem, duci acerrimo adsuetum, recentem ab excidio opulentissimae urbis, Hiberum transire; trahere secum tot excitos Hispanorum populos; conciturum avidas semper armorum Gallicas gentes; 20 cum orbe terrarum bellum gerendum in Italia ac pro moenibus Romanis esse.

Nominatae iam antea consulibus provinciae erant; tum sortiri iussi. Cornelio Hispania, Sempronio Africa cum Sicilia evenit. Sex in eum annum 25 decretae legiones et socium quantum ipsis videretur, et classis quanta parari posset. Quattuor et viginti

peditum Romanorum milia scripta et mille octingenti equites, sociorum quadraginta milia peditum,
30 quattuor milia et quadringenti equites; naves
ducentae viginti quinqueremes, celoces viginti de-
ducti. Latum inde ad populum, vellent iuberent
populo Carthaginiensi bellum indici; eiusque belli
causa supplicatio per urbem habita atque adorati
35 di, ut bene ac feliciter eveniret quod bellum populus
Romanus iussisset. Inter consules ita copiae
divisae: Sempronio datae legiones duae—ea qua-
terna milia erant peditum et treceni equites—et
sociorum sedecim milia peditum, equites mille
40 octingenti, naves longae centum sexaginta, celoces
duodecim. Cum his terrestribus maritimisque copiis
Ti. Sempronius missus in Siciliam, ita in Africam
transmissurus, si ad arcendum Italia Poenum consul
alter satis esset. Cornelio minus copiarum datum,
45 quia L. Manlius praetor et ipse cum haud invalido
praesidio in Galliam mittebatur; navium maxime
Cornelio numerus deminutus: sexaginta quinqueremes datae—neque enim mari venturum aut
ea parte belli dimicaturum hostem credebant—et
50 duae Romanae legiones cum suo iusto equitatu et
quattuordecim milibus sociorum peditum, equitibus
mille sescentis. Duas legiones Romanas et decem
milia sociorum peditum, mille equites socios,
sescentos Romanos Gallia provincia eodem versa
55 in Punicum bellum habuit.

His ita comparatis, ut omnia iusta ante bellum
fierent, legatos maiores natu, Q. Fabium, M. Livium,
L. Aemilium, C. Licinium, Q. Baebium, in Africam

12

mittunt ad percunctandos Carthaginienses, pub- licone consilio Hannibal Saguntum oppugnasset, 60 et, si, id quod facturi videbantur, faterentur ac defenderent publico consilio factum, ut indicerent populo Carthaginiensi bellum. Romani postquam Carthaginem venerunt, cum senatus datus esset, et Q. Fabius nihil ultra quam unum, quod manda- 65 tum erat, percunctatus esset, tum ex Carthaginien- sibus unus ita locutus est.

"You were overhasty, Romans, in sending your embassy while Hannibal was besieging Saguntum, and you are overhasty now in sending an embassy with demands milder in expression but more oppressive in fact. Then you demanded the surrender of Hannibal; now you demand from us an admission of guilt and such reparation as would follow from such an admission. But the question is not, I think, who is responsible for the attack on Saguntum, Hannibal or ourselves, but whether that attack was con- trary to treaty or not. We made a treaty with C. Lutatius, in which no mention was made of Saguntum; you disowned that treaty, because it was made without the authority of the Senate and Roman people. You made a treaty with Hasdrubal in which precautions were included for the safety of Saguntum; we disown that treaty because it was made without our knowledge. Talk no longer about Saguntum, but bring to birth the purpose that your hearts have long been conceiving."

Tum Romanus sinu ex toga facto "hic" inquit "vobis bellum et pacem portamus: utrum placet, sumite". Sub hanc vocem haud minus ferociter, 70 daret, utrum vellet, succlamatum est; et cum is iterum sinu effuso bellum dare dixisset, accipere se omnes responderunt et, quibus acciperent animis, iisdem se gesturos.

———

13

§ 9

March from New Carthage. Hannibal's dream. 3000 troops desert and 7000 more discontented men are sent away. Hannibal crosses the Pyrenees.

Ab Gadibus Carthaginem ad hiberna exercitus redit; atque inde profectus praeter Onussam urbem ad Hiberum maritima ora ducit. Ibi fama est in quiete visum ab eo iuvenem divina specie, qui se ab
5 Iove diceret ducem in Italiam Hannibali missum; proinde sequeretur neque usquam a se deflecteret oculos. Pavidum primo nusquam circumspicientem aut respicientem secutum: deinde, cura ingenii humani, cum, quidnam id esset, quod respicere
10 vetitus esset, agitaret animo, temperare oculis nequivisse; tum vidisse post sese serpentem mira magnitudine cum ingenti arborum ac virgultorum strage ferri, ac post insequi cum fragore caeli nimbum. Tum, quae moles ea quidve prodigii esset,
15 quaerentem audisse vastitatem Italiae esse: pergeret porro ire nec ultra inquireret sineretque fata in occulto esse.

Hoc visu laetus tripertito Hiberum copias traiecit praemissis, qui Gallorum animos, qua traducendus
20 exercitus erat, donis conciliarent Alpiumque transitus specularentur. Nonaginta milia peditum, duodecim milia equitum Hiberum traduxit. Ilergetes inde Bargusiosque et Ausetanos et Lacetaniam, quae subiecta Pyrenaeis montibus est,
25 subegit oraeque huic omni praefecit Hannonem, ut fauces, quae Hispanias Galliis iungunt, in potestate essent. Decem milia peditum Hannoni ad prae-

14

sidium obtinendae regionis data et mille equites. Postquam per Pyrenaeum saltum traduci exercitus est coeptus, rumorque per barbaros manavit certior 30 de bello Romano, tria milia inde Carpetanorum peditum iter averterunt. Constabat non tam bello motos quam longinquitate viae inexsuperabilique Alpium transitu. Hannibal, quia revocare aut vi retinere eos anceps erat, ne ceterorum etiam feroces 35 animi inritarentur, supra septem milia hominum domos remisit, quos et ipsos gravari militia senserat, Carpetanos quoque ab se dimissos simulans. Inde, ne mora atque otium animos sollicitaret, cum reliquis copiis Pyrenaeum transgreditur et ad 40 oppidum Iliberri castra locat. Galli, quamquam Italiae bellum inferri audiebant, tamen, quia vi subactos trans Pyrenaeum Hispanos fama erat praesidiaque valida imposita, metu servitutis ad arma consternati Ruscinonem aliquot populi con- 45 veniunt. Quod ubi Hannibali nuntiatum est, moram magis quam bellum metuens oratores ad regulos eorum misit: colloqui semet ipsum cum iis velle, et vel illi propius Iliberrim accederent, vel se Ruscinonem processurum, ut ex propinquo con- 50 gressus facilior esset; nam et accepturum eos in castra sua se laetum nec cunctanter se ipsum ad eos venturum; hospitem enim se Galliae, non hostem advenisse nec stricturum ante gladium, si per Gallos liceat, quam in Italiam venisset. Et per nuntios 55 quidem haec; ut vero reguli Gallorum castris ad Iliberrim extemplo motis haud gravate ad Poenum venerunt, capti donis cum bona pace exercitum per

15

finis suos praeter Ruscinonem oppidum trans-
60 miserunt.

§ 10

Scipio arrives at the mouth of the Rhone to find that
Hannibal has marched up the Rhone, preparing to cross it.

Et P. Cornelius in locum eius, quae missa cum
praetore erat, scripta legione nova profectus ab
urbe sexaginta longis navibus praeter oram Etruriae
Ligurumque et inde Salluvium montis pervenit
5 Massiliam et ad proximum ostium Rhodani—
pluribus enim divisus amnis in mare decurrit—
castra locat vixdum satis credens Hannibalem
superasse Pyrenaeos montis. Quem ut de Rhodani
quoque transitu agitare animadvertit, incertus,
10 quonam ei loco occurreret, necdum satis refectis ab
iactatione maritima militibus, trecentos interim
delectos equites ducibus Massiliensibus ex auxiliaribus Gallis ad exploranda omnia visendosque ex
tuto hostes praemittit. Hannibal ceteris metu aut
15 pretio pacatis iam in Volcarum pervenerat agrum,
gentis validae. Colunt autem circa utramque ripam
Rhodani; sed diffisi citeriore agro arceri Poenum
posse, ut flumen pro munimento haberent, omnibus
ferme suis trans Rhodanum traiectis ulteriorem
20 ripam amnis armis obtinebant. Ceteros accolas
fluminis Hannibal et eorum ipsorum, quos sedes
suae tenuerant, simul perlicit donis ad naves
undique contrahendas fabricandasque, simul et
ipsi traici exercitum levarique quam primum
25 regionem suam tanta hominum urgente turba

16

cupiebant. Itaque ingens coacta vis navium est lintriumque temere ad vicinalem usum paratarum; novasque alias primum Galli inchoantes cavabant ex singulis arboribus, deinde et ipsi milites simul copia materiae simul facilitate operis inducti alveos 30 informes, nihil, dummodo innare aquae et capere onera possent, curantes, raptim, quibus se suaque transveherent, faciebant.

§ 11

Hannibal forces the passage of the Rhone by sending troops round by a ford higher up to take the Gauls in the rear. The Gauls take to flight.

Iamque omnibus satis comparatis ad traiciendum terrebant ex adverso hostes omnem ripam equites virique obtinentes. Quos ut averteret, Hannonem Bomilcaris filium vigilia prima noctis cum parte copiarum, maxime Hispanis, adverso flumine ire 5 iter unius diei iubet et, ubi primum possit, quam occultissime traiecto amni circumducere agmen, ut, cum opus facto sit, adoriatur ab tergo hostes. Ad id dati duces Galli edocent inde milia quinque et viginti ferme supra parvae insulae circumfusum amnem 10 latiore ubi dividebatur, eoque minus alto alveo transitum ostendere. Ibi raptim caesa materia ratesque fabricatae, in quibus equi virique et alia onera traicerentur. Hispani sine ulla mole in utris vestimentis coniectis ipsi caetris superpositis incu- 15 bantes flumen tranavere. Et alius exercitus ratibus iunctis traiectus, castris prope flumen positis,

17

nocturno itinere atque operis labore fessus quiete
unius diei reficitur, intento duce ad consilium oppor-
20 tune exsequendum. Postero die profecti ex loco
edito fumo significant transisse et haud procul
abesse. Quod ubi accepit Hannibal, ne tempori
deesset, dat signum ad traiciendum. Iam paratas
aptatasque habebat pedes lintres, eques fere propter
25 equos naves. Navium agmen ad excipiendum
adversi impetum fluminis parte superiore trans-
mittens tranquillitatem infra traicientibus lintribus
praebebat. Equorum pars magna nantes loris a
puppibus trahebantur praeter eos, quos instratos
30 frenatosque, ut extemplo egresso in ripam equiti
usui essent, inposuerant in naves.

Galli occursant in ripa cum variis ululatibus
cantuque moris sui quatientes scuta super capita
vibrantesque dextris tela, quamquam et ex adverso
35 terrebat tanta vis navium cum ingenti sono fluminis
et clamore vario nautarum militum, et qui nite-
bantur perrumpere impetum fluminis, et qui ex
altera ripa traicientes suos hortabantur. Iam satis
paventes adverso tumultu terribilior ab tergo
40 adortus clamor castris ab Hannone captis. Mox et
ipse aderat, ancepsque terror circumstabat, et e
navibus tanta vi armatorum in terram evadente
et ab tergo improvisa premente acie. Galli postquam utroque vim facere conati pellebantur, qua
45 patere visum maxime iter, perrumpunt trepidique
in vicos passim suos diffugiunt. Hannibal ceteris
copiis per otium traiectis, spernens iam Gallicos
tumultus, castra locat.

18

§ 12

The crossing of the river by the elephants.

Elephantorum traiciendorum varia consilia fuisse credo, certe variat memoria actae rei. Quidam congregatis ad ripam elephantis tradunt ferocissimum ex iis inritatum ab rectore suo, cum refugientem in aquam, inde nantem sequeretur, traxisse 5 gregem, ut quemque timentem altitudinem destitueret vadum, impetu ipso fluminis in alteram ripam rapiente. Ceterum magis constat ratibus traiectos; id ut tutius consilium ante rem foret, ita acta re ad fidem pronius est. Ratem unam ducentos 10 longam pedes quinquaginta latam a terra in amnem porrexerunt, quam, ne secunda aqua deferretur, pluribus validis retinaculis parte superiore ripae religatam pontis in modum humo iniecta constraverunt, ut beluae audacter velut per solum 15 ingrederentur. Altera ratis aeque lata, longa pedes centum, ad traiciendum flumen apta, huic copulata est; sex tum elephanti per stabilem ratem tamquam viam praegredientibus feminis acti ubi in minorem applicatam transgressi sunt, extemplo resolutis, 20 quibus leviter adnexa erat, vinculis, ab actuariis aliquot navibus ad alteram ripam pertrahitur. Ita primis expositis alii deinde repetiti ac traiecti sunt. Nihil sane trepidabant, donec continenti velut ponte agerentur; primus erat pavor, cum soluta ab ceteris 25 rate in altum raperentur. Ibi urgentes inter se cedentibus extremis ab aqua trepidationis aliquantum edebant, donec quietem ipse timor circum-

19

spectantibus aquam fecisset. Excidere etiam
30 saevientes quidam in flumen; sed pondere ipso
stabiles deiectis rectoribus quaerendis pedetentim
vadis in terram evasere.

§ 13

A party of Numidian scouts is defeated by Scipio's scouts.
Hannibal decides to press on to the Alps.

Dum elephanti traiciuntur, interim Hannibal
Numidas equites quingentos ad castra Romana
miserat speculatum, ubi et quantae copiae essent
et quid pararent. Huic alae equitum missi, ut ante
5 dictum est, ab ostio Rhodani trecenti Romanorum
equites occurrunt. Proelium atrocius quam pro
numero pugnantium editur; nam praeter multa
vulnera caedes etiam prope par utrimque fuit,
fugaque et pavor Numidarum Romanis iam admo-
10 dum fessis victoriam dedit. Victores ad centum
sexaginta, nec omnes Romani, sed pars Gallorum,
victi amplius ducenti ceciderunt. Hoc principium
simul omenque belli ut summae rerum prosperum
eventum, ita haud sane incruentam ancipitisque
15 certaminis victoriam Romanis portendit.

Ut re ita gesta ad utrumque ducem sui redierunt,
nec Scipioni stare sententia poterat, nisi ut ex
consiliis coeptisque hostis et ipse conatus caperet,
et Hannibalem incertum, utrum coeptum in Italiam
20 intenderet iter, an cum eo, qui primus se obtulisset
Romanus exercitus, manus consereret, avertit a
praesenti certamine Boiorum legatorum regulique

Magali adventus, qui se duces itinerum, socios
periculi fore adfirmantes integro bello nusquam
ante libatis viribus Italiam adgrediendam censent. 25
Multitudo timebat quidem hostem nondum oblit-
terata memoria superioris belli, sed magis iter
immensum Alpesque, rem fama utique inexpertis
horrendam, metuebat.

§ 14

**Hannibal encourages his troops; they have already achieved
great things and the Alps are by no means impassable.**

Itaque Hannibal, postquam ipsi sententia stetit
pergere ire atque Italiam petere, advocata contione
varie militum versat animos castigando adhor-
tandoque: mirari se, quinam pectora semper im-
pavida repens terror invaserit. Per tot annos 5
vincentis eos stipendia facere neque ante Hispania
excessisse, quam omnes gentesque et terrae, quas
duo diversa maria amplectantur, Carthaginiensium
essent. Indignatos deinde, quod, quicumque Saguntum obsedissent, velut ob noxam sibi dedi postularet 10
populus Romanus, Hiberum traiecisse ad delendum
nomen Romanorum liberandumque orbem terrarum. Tum nemini visum id longum, cum ab occasu
solis ad exortus intenderent iter; nunc, postquam
multo maiorem partem itineris emensam cernant, 15
Pyrenaeum saltum inter ferocissimas gentes super-
atum, Rhodanum. tantum amnem, tot milibus
Gallorum prohibentibus, domita etiam ipsius
fluminis vi traiectum, in conspectu Alpis habeant,

20 quarum alterum latus Italiae sit, in ipsis portis
hostium fatigatos subsistere—quid Alpis aliud esse
credentes quam montium altitudines? Fingerent
altiores Pyrenaei iugis; nullas profecto terras
caelum contingere nec inexsuperabiles humano
25 generi esse. Alpis quidem habitari coli, gignere
atque alere animantes; pervias faucis esse exercitibus. Eos ipsos, quos cernant, legatos non pinnis
sublime elatos Alpis transgressos. Ne maiores
quidem eorum indigenas, sed advenas Italiae
30 cultores has ipsas Alpis ingentibus saepe agminibus
cum liberis ac coniugibus migrantium modo tuto
transmisisse. Militi quidem armato nihil secum
praeter instrumenta belli portanti quid invium aut
inexsuperabile esse? Saguntum ut caperetur, quid
35 per octo menses periculi, quid laboris exhaustum
esse? Romam, caput orbis terrarum, petentibus
quicquam adeo asperum atque arduum videri, quod
inceptum moretur? Cepisse quondam Gallos ea,
quae adiri posse Poenus desperet. Proinde aut
40 cederent animo atque virtute genti per eos dies
totiens ab se victae, aut itineris finem sperent
campum interiacentem Tiberi ac moenibus Romanis.

§ 15

Hannibal marches up the Rhone and settles a disputed
claim to the kingship of the Allobroges. Difficulties in
crossing the Druentia. Scipio returns to Italy to defend
Cisalpine Gaul.

His adhortationibus incitatos corpora curare atque
ad iter se parare iubet. Postero die profectus

adversa ripa Rhodani mediterranea Galliae petit,
non quia rectior ad Alpes via esset, sed, quantum
a mari recessisset, minus obvium fore Romanum 5
credens, cum quo, priusquam in Italiam ventum
foret, non erat in animo manus conserere. Quartis
castris ad Insulam pervenit. Ibi Isara Rhodanus-
que amnes diversis ex Alpibus decurrentes agri
aliquantum amplexi confluunt in unum; mediis 10
campis Insulae nomen inditum. Incolunt prope
Allobroges, gens iam inde nulla Gallica gente
opibus aut fama inferior. Tum discors erat. Regni
certamine ambigebant fratres. Maior et qui prius
imperitarat, Brancus nomine, minore ab fratre et 15
coetu iuniorum, qui iure minus, vi plus poterat,
pellebatur. Huius seditionis peropportuna discep-
tatio cum ad Hannibalem reiecta esset, arbiter
regni factus, quod ea senatus principumque sententia fuerat, imperium maiori restituit. Ob id 20
meritum commeatu copiaque rerum omnium,
maxime vestis, est adiutus, quam infames frigoribus
Alpes praeparari cogebant.

Sedatis Hannibal certaminibus Allobrogum cum
iam Alpes peteret, non recta regione iter instituit, 25
sed ad laevam in Tricastinos flexit; inde per extremam oram Vocontiorum agri tendit in Tricorios,
haud usquam impedita via, priusquam ad Druen-
tiam flumen pervenit. Is et ipse Alpinus amnis
longe omnium Galliae fluminum difficillimus trans- 30
itu est; nam, cum aquae vim vehat ingentem, non
tamen navium patiens est, quia nullis coercitus
ripis, pluribus simul neque iisdem alveis fluens,

23

nova semper vada novosque gurgites—et ob eadem
35 pediti quoque incerta via est—, ad hoc saxa glareosa
volvens nihil stabile nec tutum ingredienti praebet.
Et tum forte imbribus auctus ingentem trans-
gredientibus tumultum fecit, cum super cetera
trepidatione ipsi sua atque incertis clamoribus
40 turbarentur.

P. Cornelius consul triduo fere post, quam
Hannibal a ripa Rhodani movit, quadrato agmine
ad castra hostium venerat, nullam dimicandi
moram facturus. Ceterum ubi deserta munimenta
45 nec facile se tantum praegressos adsecuturum videt,
ad mare ac naves rediit, tutius faciliusque ita
descendenti ab Alpibus Hannibali occursurus. Ne
tamen nuda auxiliis Romanis Hispania esset, quam
provinciam sortitus erat, Cn. Scipionem fratrem
50 cum maxima parte copiarum adversus Hasdrubalem misit, non ad tuendos tantummodo veteres
socios conciliandosque novos, sed etiam ad pellen-
dum Hispania Hasdrubalem. Ipse cum admodum
exiguis copiis Genuam repetit, eo qui circa Padum
55 erat exercitus Italiam defensurus.

§ 16

The Gauls hold the summit of a pass, but Hannibal, taking
advantage of their slackness by night, surmounts the pass.
Next day, in spite of a desperate attack, he successfully
forces his way on.

Hannibal ab Druentia campestri maxime itinere ad
Alpis cum bona pace incolentium ea loca Gallorum
pervenit. Tum, quamquam fama prius, qua incerta

in maius vero ferri solent, praecepta res erat, tamen
ex propinquo visa montium altitudo nivesque caelo 5
prope immixtae, tecta informia imposita rupibus,
pecora iumentaque torrida frigore, homines in-
tonsi et inculti, animalia inanimaque omnia rigentia
gelu, cetera visu quam dictu foediora, terrorem
renovarunt. Erigentibus in primos agmen clivos 10
apparuerunt imminentes tumulos insidentes montani, qui, si valles occultiores insedissent, coorti ad
pugnam repente ingentem fugam stragemque de-
dissent. Hannibal consistere signa iussit; Gallisque
ad visenda loca praemissis postquam comperit 15
transitum ea non esse, castra inter confragosa
omnia praeruptaque quam extentissima potest
valle locat. Tum per eosdem Gallos, haud sane
multum lingua moribusque abhorrentis, cum se
immiscuissent colloquiis montanorum, edoctus in- 20
terdiu tantum obsideri saltum, nocte in sua quemque
dilabi tecta, luce prima subiit tumulos, ut ex aperto
atque interdiu vim per angustias facturus. Die
deinde simulando aliud, quam quod parabatur,
consumpto, cum eodem, quo constiterant, loco 25
castra communissent, ubi primum degressos tumulis
montanos laxatasque sensit custodias, pluribus
ignibus quam pro numero manentium in speciem
factis impedimentisque cum equite relictis et
maxima parte peditum, ipse cum expeditis, acer- 30
rimo quoque viro, raptim angustias evadit iisque
ipsis tumulis, quos hostes tenuerant, consedit.

Prima deinde luce castra mota, et agmen reliquum incedere coepit. Iam montani signo dato ex

25

35 castellis ad stationem solitam conveniebant, cum
repente conspiciunt alios, arce occupata sua, super
caput imminentis, alios via transire hostis. Utraque
simul obiecta res oculis animisque immobiles parumper eos defixit; deinde, ut trepidationem in an-
40 gustiis suoque ipsum tumultu misceri agmen videre,
equis maxime consternatis, quidquid adiecissent
ipsi terroris, satis ad perniciem fore rati diversis rupibus iuxta in vias ac devia adsueti decurrunt. Tum
vero simul ab hostibus simul ab iniquitate locorum
45 Poeni oppugnabantur, plusque inter ipsos, sibi quoque tendente, ut periculo primus evaderet, quam
cum hostibus certaminis erat. Equi maxime infestum agmen faciebant, qui et clamoribus dissonis,
quos nemora etiam repercussaeque valles augebant,
50 territi trepidabant, et icti forte aut vulnerati adeo
consternabantur, ut stragem ingentem simul hominum ac sarcinarum omnis generis facerent; multos-
que turba, cum praecipites deruptaeque utrimque
angustiae essent, in immensum altitudinis deiecit,
55 quosdam et armatos; sed ruinae maxime modo
iumenta cum oneribus devolvebantur. Quae
quamquam foeda visu erant, stetit parumper
tamen Hannibal ac suos continuit, ne tumultum
ac trepidationem augeret. / Deinde, postquam in-
60 terrumpi agmen vidit periculumque esse, ne exutum
impedimentis exercitum nequiquam incolumem
traduxisset, decurrit ex superiore loco et, cum
impetu ipso fudisset hostem, suis quoque tumultum
auxit. Sed is tumultus momento temporis, post-
65 quam liberata itinera fuga montanorum erant,

26

sedatur; nec per otium modo sed prope silentio mox omnes traducti. Castellum inde, quod caput eius regionis erat, viculosque circumiectos capit et captivo cibo ac pecoribus per triduum exercitum aluit; et quia nec a montanis primo perculsis nec 70 loco magno-opere impediebantur, aliquantum eo triduo viae confecit. *often written as one word*

§ 17

The Gauls lay a trap for Hannibal with the treacherous offer of guides. Another attack succeeds temporarily in breaking Hannibal's line in two, but next day contact is re-established.

Perventum inde ad frequentem cultoribus alium, ut inter montanos, populum. Ibi non bello aperto sed suis artibus, fraude et insidiis, est prope circumventus. Magno natu principes castellorum oratores ad Poenum veniunt, alienis malis, utili exemplo, 5 doctos memorantes amicitiam malle quam vim experiri Poenorum; itaque oboedienter imperata facturos; commeatum itinerisque duces et ad fidem promissorum obsides acciperet. Hannibal nec temere credendum nec aspernandos ratus, ne 10 repudiati aperte hostes fierent, benigne cum respondisset, obsidibus, quos dabant, acceptis et commeatu, quem in viam ipsi detulerant, usus nequaquam ut inter pacatos composito agmine duces eorum sequitur. Primum agmen elephanti 15 et equites erant; ipse post cum robore peditum circumspectans omnia sollicitusque incedebat. Ubi in angustiorem viam et parte altera subiectam iugo

27

insuper imminenti ventum est, undique ex insidiis
20 barbari a fronte ab tergo coorti comminus eminus
petunt, saxa ingentia in agmen devolvunt./ Maxima
ab tergo vis hominum urgebat. In eos versa
peditum acies haud dubium fecit, quin, nisi firmata
extrema agminis fuissent, ingens in eo saltu acci-
25 pienda clades fuerit. Tunc quoque ad extremum
periculi ac prope perniciem ventum est. Nam dum
cunctatur Hannibal demittere agmen in angustias,
quia non, ut ipse equitibus praesidio erat, ita
peditibus quicquam ab tergo auxilii reliquerat,
30 occursantes per obliqua montani interrupto medio
agmine viam insedere; noxque una Hannibali sine
equitibus atque impedimentis acta est. Postero die
iam segnius intercursantibus barbaris iunctae
copiae, saltusque haud sine clade, maiore tamen
35 iumentorum quam hominum pernicie superatus.
Inde montani pauciores iam et latrocinii magis
quam belli more concursabant modo in primum
modo in novissimum agmen, utcumque aut locus
opportunitatem daret, aut progressi morative
40 aliquam occasionem fecissent. Elephanti sicut per
artas praecipitesque vias magna mora agebantur,
ita tutum ab hostibus, quacumque incederent, quia
insuetis adeundi propius metus erat, agmen
praebebant.

28

§ 18

At last the army reaches the top of the pass and Hannibal
points out to them the plains of Italy. The descent
begins.

Nono die in iugum Alpium perventum est per invia
pleraque et errores, quos aut ducentium fraus aut,
ubi fides iis non esset, temere initae valles a
coniectantibus iter faciebant. Biduum in iugo
stativa habita, fessisque labore ac pugnando quies 5
data militibus; iumentaque aliquot, quae prolapsa
in rupibus erant, sequendo vestigia agminis in
castra pervenere. Fessis taedio tot malorum nivis
etiam casus occidente iam sidere Vergiliarum
ingentem terrorem adiecit. Per omnia nive oppleta 10
cum signis prima luce motis segniter agmen ince-
deret, pigritiaque et desperatio in omnium vultu
emineret, praegressus signa Hannibal in promun-
turio quodam, unde longe ac late prospectus erat,
consistere iussis militibus Italiam ostentat subiec- 15
tosque Alpinis montibus Circumpadanos campos,
moeniaque eos tum transcendere non Italiae modo
sed etiam urbis Romanae; cetera plana, proclivia
fore; uno aut summum altero proelio arcem et
caput Italiae in manu ac potestate habituros. 20
Procedere inde agmen coepit, iam nihil ne hostibus
quidem praeter parva furta per occasionem tempt-
antibus. Ceterum iter multo quam in ascensu
fuerat, ut pleraque Alpium ab Italia sicut breviora
ita arrectiora sunt, difficilius fuit. Omnis enim 25
ferme via praeceps, angusta, lubrica erat, ut neque
sustinere se a lapsu possent nec, qui paulum

29

titubassent, haerere adfixi vestigio suo, aliique
super alios et iumenta in homines occiderent.

§ 19

The descent proves more difficult than the ascent. At one
place the track has been carried away by a landslip.
Difficulties in the snow. A passage is cut through a rock
by the use of fire and vinegar. The passage is completed.

Ventum deinde ad multo angustiorem rupem atque
ita rectis saxis, ut aegre expeditus miles tempta-
bundus manibusque retinens virgulta ac stirpes
circa eminentes demittere sese posset. Natura
5 locus iam ante praeceps recenti lapsu terrae in
pedum mille admodum altitudinem abruptus erat.
Ibi cum velut ad finem viae equites constitissent,
miranti Hannibali, quae res moraretur agmen,
nuntiatur rupem inviam esse. Digressus deinde
10 ipse ad locum visendum. Haud dubia res visa, quin
per invia circa nec trita antea quamvis longo
ambitu circumduceret agmen. Ea vero via inex-
superabilis fuit; nam cum super veterem nivem
intactam nova modicae altitudinis esset, molli nec
15 praealtae facile pedes ingredientium insistebant;
ut vero tot hominum iumentorumque incessu
dilapsa est, per nudam infra glaciem fluentemque
tabem liquescentis nivis ingrediebantur. Taetra ibi
luctatio erat via lubrica glacie non recipiente
20 vestigium et in prono citius pedes fallente, ut, seu
manibus in adsurgendo seu genu se adiuvissent,
ipsis adminiculis prolapsis iterum corruerent; nec
stirpes circa radicesve, ad quas pede aut manu

quisquam eniti posset, erant; ita in levi tantum
glacie tabidaque nive volutabantur. Iumenta 25
secabant interdum etiam infimam ingredientia
nivem, et prolapsa iactandis gravius in conitendo
ungulis penitus perfringebant, ut pleraque velut
pedica capta haererent in dura et alte concreta
glacie.   30

Tandem nequiquam iumentis atque hominibus
fatigatis castra in iugo posita, aegerrime ad id
ipsum loco purgato; tantum nivis fodiendum atque
egerendum fuit. Inde ad rupem muniendam, per
quam unam via esse poterat, milites ducti, cum 35
caedendum esset saxum, arboribus circa immanibus
deiectis detruncatisque struem ingentem lignorum
faciunt eamque, cum et vis venti apta faciendo igni
coorta esset, succendunt ardentiaque saxa infuso
aceto putrefaciunt. Ita torridam incendio rupem 40
ferro pandunt molliuntque anfractibus modicis
clivos, ut non iumenta solum sed elephanti etiam
deduci possent. Quadriduum circa rupem con-
sumptum iumentis prope fame absumptis; nuda
enim fere cacumina sunt, et si quid est pabuli, 45
obruunt nives. Inferiora valles apricosque quosdam colles habent rivosque prope silvas et iam
humano cultu digniora loca. Ibi iumenta in pabu-
lum missa, et quies muniendo fessis hominibus data.
Triduo inde ad planum descensum, iam et locis 50
mollioribus et accolarum ingeniis.

31

§ 20

After a rest Hannibal captures the capital of the Taurini. Scipio arrives in the neighbourhood and prevents the spread of disaffection.

Peropportune ad principia rerum Taurinis, proxi-
mae genti, adversus Insubres motum bellum erat.
Sed armare exercitum Hannibal, ut parti alteri
auxilio esset, in reficiendo maxime sentientem
5 contracta ante mala, non poterat; otium enim ex
labore, copia ex inopia, cultus ex illuvie tabeque
squalida et prope efferata corpora varie movebat.
Ea P. Cornelio consuli causa fuit, cum Pisas navibus
venisset, exercitu a Manlio Atilioque accepto tirone
10 et in novis ignominiis trepido, ad Padum festinandi,
ut cum hoste nondum refecto manus consereret.
Sed cum Placentiam consul venit, iam ex stativis
moverat Hannibal Taurinorumque unam urbem,
caput gentis eius, quia volentes in amicitiam non
15 veniebant, vi expugnarat; ac iunxisset sibi non
metu solum sed etiam voluntate Gallos accolas
Padi, ni eos circumspectantis defectionis tempus
subito adventu consul oppressisset. Et Hannibal
movit ex Taurinis, incertos, quae pars sequenda
20 esset, Gallos praesentem secuturos esse ratus. Iam
prope in conspectu erant exercitus, convenerantque
duces sicuti inter se nondum satis noti, ita iam
imbutus uterque quadam admiratione alterius.
Nam Hannibalis et apud Romanos iam ante Sagunti
25 excidium celeberrimum nomen erat, et Scipionem
Hannibal eo ipso, quod adversus se dux potissimum
lectus esset, praestantem virum credebat; et aux-

erant inter se opinionem, Scipio, quod relictus in
Gallia obvius fuerat in Italiam transgresso Hanni-
bali, Hannibal et conatu tam audaci traiciendarum 30
Alpium et effectu.

§ 21

Scipio addresses his troops.

(a) "The troops which I have sent to Spain have already had
a successful introduction to Hannibal. But to you, my new
troops, I must say a few words."

Occupavit tamen Scipio Padum traicere et ad
Ticinum amnem motis castris, priusquam educeret
in aciem, adhortandorum militum causa talem
orationem est exorsus. "Si eum exercitum, milites,
educerem in aciem, quem in Gallia mecum habui, 5
supersedissem loqui apud vos; quid enim adhortari
referret aut eos equites, qui equitatum hostium ad
Rhodanum flumen egregie vicissent, aut eas legiones,
cum quibus fugientem hunc ipsum hostem secutus
confessionem cedentis ac detractantis certamen pro 10
victoria habui? Nunc, quia ille exercitus, Hispaniae provinciae scriptus, ibi cum fratre Cn.
Scipione meis auspiciis rem gerit, ubi eum gerere
senatus populusque Romanus voluit, ego, ut consulem ducem adversus Hannibalem ac Poenos 15
haberetis, ipse me huic voluntario certamini obtuli,
novo imperatori apud novos milites pauca verba
facienda sunt.

33

(*b*) "We beat the Carthaginians thoroughly in the First Punic War. Hannibal has already admitted his inferiority by refusing battle with me, and, since then, the passage of the Alps has played havoc with his army."

"Ne genus belli neve hostem ignoretis, cum iis est vobis, milites, pugnandum, quos terra marique priore bello vicistis, a quibus stipendium per viginti annos exegistis, a quibus capta belli praemia
5 Siciliam ac Sardiniam habetis. Erit igitur in hoc certamine is vobis illisque animus, qui victoribus et victis esse solet. Nec nunc illi, quia audent, sed quia necesse est, pugnaturi sunt; nisi creditis, qui exercitu incolumi pugnam detractavere, eos duabus
10 partibus peditum equitumque in transitu Alpium amissis qui plures paene perierint quam supersint plus spei nactos esse. 'At enim pauci quidem sunt sed vigentes animis corporibusque, quorum robora ac vires vix sustinere vis ulla possit.' Effigies
15 immo, umbrae hominum, fame, frigore, illuvie, squalore enecti, contusi ac debilitati inter saxa rupesque; ad hoc praeusti artus, nive rigentes nervi, membra torrida gelu, quassata fractaque arma, claudi ac debiles equi. Cum hoc equite, cum hoc
20 pedite pugnaturi estis, reliquias extremas hostium, non hostem habetis. Ac nihil magis vereor, quam ne, cum vos pugnaveritis, Alpes vicisse Hannibalem videantur. Sed ita forsitan decuit, cum foederum ruptore duce ac populo deos ipsos sine ulla humana
25 ope committere ac profligare bellum, nos, qui secundum deos violati sumus, commissum ac profligatum conficere.

34

(c) "I am not exaggerating. I might, you may think, have had an easier job in Spain, but I preferred to confront Hannibal at the foot of the Alps and force him to fight."

"Non vereor, ne quis me haec vestri adhortandi causa magnifice loqui existimet, ipsum aliter animo adfectum esse. Licuit in Hispaniam, provinciam meam, quo iam profectus eram, cum exercitu ire meo, ubi et fratrem consilii participem ac periculi 5 socium haberem et Hasdrubalem potius quam Hannibalem hostem et minorem haud dubie molem belli; tamen, cum praeterveherer navibus Galliae oram, ad famam huius hostis in terram egressus praemisso equitatu ad Rhodanum movi castra. 10 Equestri proelio, qua parte copiarum conserendi manum fortuna data est, hostem fudi; peditum agmen, quod in modum fugientium raptim age- batur, quia adsequi terra non poteram, regressus ad navis, quanta maxime potui celeritate tanto 15 maris terrarumque circuitu, in radicibus prope Alpium huic timendo hosti obvius fui. Utrum, cum declinarem certamen, improvidus incidisse videor an occurrere in vestigiis eius, lacessere ac trahere ad decernendum? 20

(d) "We have already once reduced the Carthaginians to ignominious submission and might have been more severe to them. So your courage may be reinforced by anger at their impudent renewal of the war."

"Experiri iuvat, utrum alios repente Carthaginien- ses per viginti annos terra ediderit, an iidem sint, qui ad Aegatis pugnaverunt insulas, et quos ab Eryce

duodevicenis denariis aestimatos emisistis, et utrum
5 Hannibal hic sit aemulus itinerum Herculis, ut ipse
fert, an vectigalis stipendiariusque et servus populi
Romani a patre relictus. Quem nisi Saguntinum
scelus agitaret, respiceret profecto si non patriam
victam, domum certe patremque et foedera Hamil-
10 caris scripta manu, qui iussus ab consule nostro
praesidium deduxit ab Eryce, qui graves impositas
victis Carthaginiensibus leges fremens maerensque
accepit, qui decedens Sicilia stipendium populo
Romano dare pactus est. Itaque vos ego, milites,
15 non eo solum animo, quo adversus alios hostes
soletis, pugnare velim, sed cum indignatione
quadam atque ira, velut si servos videatis vestros
arma repente contra vos ferentes. Licuit ad
Erycem clausos ultimo supplicio humanorum, fame
20 interficere; licuit victricem classem in Africam
traicere atque intra paucos dies sine ullo certamine
Carthaginem delere: veniam dedimus precantibus,
emisimus ex obsidione, pacem cum victis fecimus,
tutelae deinde nostrae duximus, cum Africo bello
25 urgerentur. Pro his impertitis furiosum iuvenem
sequentes oppugnatum patriam nostram veniunt.

(*e*) "But remember that you are fighting for existence,
in defence of Rome herself, and all eyes are upon you."

"Atque utinam pro decore tantum hoc vobis et
non pro salute esset certamen! Non de possessione
Siciliae ac Sardiniae, de quibus quondam agebatur,
sed pro Italia vobis est pugnandum. Nec est alius

ab tergo exercitus, qui, nisi nos vincimus, hosti 5
obsistat, nec Alpes aliae sunt, quas dum superant,
comparari nova possint praesidia. Hic est obstan-
dum, milites, velut si ante Romana moenia pu-
gnemus. Unus quisque se non corpus suum, sed
coniugem ac liberos parvos armis protegere putet; 10
nec domesticas solum agitet curas, sed identidem
hoc animo reputet, nostras nunc intueri manus
senatum populumque Romanum; qualis nostra vis
virtusque fuerit, talem deinde fortunam illius urbis
ac Romani imperii fore." Haec apud Romanos 15
consul.

§ 22

Hannibal encourages his troops by a display of Gallic
captives fighting in pairs, the prize for the victor being
freedom.

Hannibal rebus prius quam verbis adhortandos
milites ratus, circumdato ad spectaculum exercitu
captivos montanos vinctos in medio statuit armis-
que Gallicis ante pedes eorum proiectis interrogare
interpretem iussit, ecquis, si vinculis levaretur 5
armaque et equum victor acciperet, decertare ferro
vellet. Cum ad unum omnes ferrum pugnamque
poscerent, et deiecta in id sors esset, se quisque eum
optabat, quem fortuna in id certamen legeret,
cuiusque sors exciderat, alacer inter gratulantes 10
gaudio exultans cum sui moris tripudiis arma raptim
capiebat. Ubi vero dimicarent, is habitus animorum non inter eiusdem modo condicionis homines

37

erat, sed etiam inter spectantes vulgo, ut non
15 vincentium magis quam bene morientium fortuna
laudaretur.

§ 23

He then addresses the army.

(a) "You have seen the courage of Gallic captives fighting
for their freedom. You are in virtually the same desperate
position as they, and victory alone can free you."

"Si, quem animum in alienae sortis exemplo
paulo ante habuistis, eundem mox in aestimanda
fortuna vestra habueritis, vicimus, milites; neque
enim spectaculum modo illud, sed quaedam veluti
5 imago vestrae condicionis erat. Ac nescio an maiora
vincula maioresque necessitates vobis quam cap-
tivis vestris fortuna circumdederit: dextra laevaque
duo maria claudunt nullam ne ad effugium quidem
navem habentis; circa Padus amnis, maior Padus
10 ac violentior Rhodano; ab tergo Alpes urgent, vix
integris vobis ac vigentibus transitae. Hic vincendum aut moriendum, milites, est, ubi primum hosti
occurristis. Et eadem fortuna, quae necessitatem
pugnandi imposuit, praemia vobis ea victoribus
15 proponit, quibus ampliora homines ne ab dis quidem
immortalibus optare solent.

(b) "You will fight for no mean reward. All the wealth of
Rome will be yours, if you win the victory."

"Si Siciliam tantum ac Sardiniam parentibus nostris
ereptas nostra virtute reciperaturi essemus, satis

38

tamen ampla pretia essent; quidquid Romani tot
triumphis partum congestumque possident, id
omne vestrum cum ipsis dominis futurum est. In 5
hanc tam opimam mercedem, agite dum, dis bene
iuvantibus arma capite. Satis adhuc in vastis
Lusitaniae Celtiberiaeque montibus pecora consectando nullum emolumentum tot laborum peri-
culorumque vestrorum vidistis; tempus est iam 10
opulenta vos ac ditia stipendia facere et magna
operae pretia mereri tantum itineris per tot montes
fluminaque et tot armatas gentes emensos. Hic
vobis terminum laborum fortuna dedit; hic dignam
mercedem emeritis stipendiis dabit.   15

(c) "Roman prestige has been shaken by defeat this year at
the hands of Gauls; her general and troops are unknown
to each other. We know each other, have fought together
and have together surmounted many a difficulty and
danger."

"Nec quam magni nominis bellum est, tam difficilem
existimaritis victoriam fore; saepe et contemptus
hostis cruentum certamen edidit, et incliti populi
regesque perlevi momento victi sunt. Nam dempto
hoc uno fulgore nominis Romani quid est, cur illi 5
vobis comparandi sint? Ut viginti annorum mili-
tiam vestram cum illa virtute, cum illa fortuna
taceam, ab Herculis columnis, ab Oceano terminis-
que ultimis terrarum per tot ferocissimos Hispaniae
et Galliae populos vincentes huc pervenistis; 10
pugnabitis cum exercitu tirone, hac ipsa aestate
caeso victo circumsesso a Gallis, ignoto adhuc duci

suo ignorantique ducem. An me in praetorio patris, clarissimi imperatoris, prope natum, certe eductum, 15 domitorem Hispaniae Galliaeque, victorem eundem non Alpinarum modo gentium sed ipsarum, quod multo maius est, Alpium, cum semenstri hoc conferam duce, desertore exercitus sui? Cui si quis demptis signis Poenos Romanosque hodie ostendat, 20 ignoraturum certum habeo, utrius exercitus sit consul. Non ego illud parvi aestimo, milites, quod nemo est vestrum, cuius non ante oculos ipse militare aliquod ediderim facinus, cui non idem ego virtutis spectator ac testis notata temporibus 25 locisque referre sua possim decora. Cum laudatis a me miliens donatisque, alumnus prius omnium vestrum quam imperator, procedam in aciem adversus ignotos inter se ignorantesque.

(d) "We are the attackers, and our advantage over the defence will be increased by the fury which Rome's oppressive and ignominious treatment of us in the past has aroused."

"Quocumque circumtuli oculos, plena omnia video animorum ac roboris, veteranum peditem, generosissimarum gentium equites frenatos infrenatosque, vos socios fidelissimos fortissimosque, vos, Cartha- 5 ginienses, cum pro patria tum ob iram iustissimam pugnaturos. Inferimus bellum infestisque signis descendimus in Italiam tanto audacius fortiusque pugnaturi quam hostis, quanto maior spes, maior est animus inferentis vim quam arcentis. Accendit 10 praeterea et stimulat animos dolor, iniuria, indignitas. Ad supplicium depoposcerunt me ducem primum, deinde vos omnes, qui Saguntum oppugnassetis; deditos ultimis cruciatibus adfecturi fuerunt. Crudelissima ac superbissima gens sua omnia suique arbitrii facit. Cum quibus bellum, 15 cum quibus pacem habeamus, se modum imponere aequum censet. Circumscribit includitque nos terminis montium fluminumque, quos non excedamus; neque eos, quos statuit, terminos observat. 'Ne transieris Hiberum! Ne quid rei tibi sit cum 20 Saguntinis!' At non ad Hiberum est Saguntum. 'Nusquam te vestigio moveris!' Parum est quod veterrimas provincias meas Siciliam ac Sardiniam adimis? Etiam in Hispanias et, inde si decessero, in Africam transcendes? Transcendes autem? 25 transcendisse dico; duos consules huius anni, unum in Africam, alterum in Hispaniam miserunt. Nihil usquam nobis relictum est, nisi quod armis vindicarimus.

(e) "Death is the only alternative to victory. There is no possibility of retreat."

"Illis timidis et ignavis esse licet, qui respectum habent, quos sua terra, suus ager per tuta ac pacata itinera fugientes accipient; vobis necesse est fortibus viris esse et omnibus inter victoriam mortemque certa desperatione abruptis aut vincere aut, si 5 fortuna dubitabit, in proelio potius quam in fuga mortem oppetere. Si hoc bene fixum omnibus, si destinatum animo est, iterum dicam: vicistis;

nullum contemptu mortis &elum ad vincendum
10 homini ab dis immortalibus acrius datum est."

§ 24

**The Romans cross the Ticinus. Hannibal arouses the
enthusiasm of his men by the promise of special rewards
to individuals.**

His adhortationibus cum utrimque ad certamen
accensi militum animi essent, Romani ponte
Ticinum iungunt tutandique pontis causa castellum
insuper imponunt; Poenus hostibus opere occupatis
5 Maharbalem cum ala Numidarum, equitibus quin-
gentis, ad depopulandos sociorum populi Romani
agros mittit; Gallis parci quam maxime iubet
principumque animos ad defectionem sollicitari.
Ponte perfecto traductus Romanus exercitus in
10 agrum Insubrium quinque milia passuum a Vic-
tumulis consedit. Ibi Hannibal castra habebat;
revocatoque propere Maharbale atque equitibus,
cum instare certamen cerneret, nihil umquam satis
dictum praemonitumque ad cohortandos milites
15 ratus, vocatis ad contionem certa praemia pronun-
tiat, in quorum spem pugnarent: agrum sese
daturum esse in Italia, Africa, Hispania, ubi
quisque vellet, immunem ipsi, qui accepisset, liberis-
que; qui pecuniam quam agrum maluisset, ei se
20 argento satisfacturum; qui sociorum cives Carthaginienses fieri vellent, potestatem facturum; qui
domos redire mallent, daturum se operam, ne cuius
suorum popularium mutatam secum fortunam esse

42

vellent. Servis quoque dominos prosecutis liber-
tatem proponit binaque pro iis mancipia dominis 25
se redditurum. Eaque ut rata scirent fore, agnum
laeva manu, dextra silicem retinens, si falleret,
Iovem ceterosque precatus deos, ita se mactarent,
quem ad modum ipse agnum mactasset, secundum
precationem caput pecudis saxo elisit. Tum vero 30
omnes, velut dis auctoribus in spem suam quisque
acceptis, id morae, quod nondum pugnarent, ad
potienda sperata rati proelium uno animo et voce
una poscunt.

§ 25

Bad omens discourage the Romans. Scipio, with a recon-
noitring party, is defeated by Numidian cavalry. He is
wounded and saved by his son.

Apud Romanos haudquaquam tanta alacritas erat
super cetera recentibus etiam territos prodigiis;
nam et lupus intraverat castra laniatisque obviis
ipse intactus evaserat, et examen apum in arbore
praetorio imminente consederat. Quibus procuratis 5
Scipio cum equitatu iaculatoribusque expeditis
profectus ad castra hostium ex propinquo copiasque,
quantae et cuius generis essent, speculandas, obvius
fit Hannibali et ipsi cum equitibus ad exploranda
circa loca progresso. Neutri alteros primo cerne- 10
bant, densior deinde incessu tot hominum et
equorum oriens pulvis signum propinquantium
hostium fuit. Consistit utrumque agmen et ad
proelium sese expediebant. Scipio iaculatores et
Gallos equites in fronte locat, Romanos sociorumque 15

43

quod roboris fuit in subsidiis; Hannibal frenatos
equites in medium accipit, cornua Numidis firmat.
Vixdum clamore sublato iaculatores fugerunt inter
subsidia ad secundam aciem. Inde equitum certa-
20 men erat aliquamdiu anceps, dein quia turbabant
equos pedites intermixti multis labentibus ex equis,
aut desilientibus ubi suos premi circumventos
vidissent, iam magna ex parte ad pedes pugna
venerat, donec Numidae, qui in cornibus erant,
25 circumvecti paulum ab tergo se ostenderunt. Is
pavor perculit Romanos auxitque pavorem consulis
vulnus periculumque intercursu tum primum pu-
bescentis filii propulsatum. Hic erit iuvenis, penes
quem perfecti huiusce belli laus est, Africanus ob
30 egregiam victoriam de Hannibale Poenisque appel-
latus. Fuga tamen effusa iaculatorum maxime fuit,
quos primos Numidae invaserunt; alius confertus
equitatus consulem in medium acceptum non armis
modo sed etiam corporibus suis protegens in castra
35 nusquam trepide neque effuse cedendo reduxit.
Servati consulis decus Coelius ad servum natione
Ligurem delegat. Malim equidem de filio verum esse,
quod et plures tradidere auctores et fama obtinuit.

§ 26

Scipio retreats to Placentia, breaking down the bridge over
the Po; but Hannibal crosses by a ford higher up or by a
bridge of his own construction, and encamps six miles from
Placentia.

Hoc primum cum Hannibale proelium fuit, quo
facile apparuit equitatu meliorem Poenum esse, et

ob id campos patentis, quales sunt inter **Padum**
Alpesque, bello gerendo Romanis aptos non esse.
Itaque proxima nocte, iussis militibus vasa silentio 5
colligere, castra ab Ticino mota festinatumque ad
Padum est, ut ratibus, quibus iunxerat flumen,
nondum resolutis sine tumultu atque insectatione
hostis copias traiceret. Prius Placentiam pervenere,
quam satis sciret Hannibal ab Ticino profectos; 10
tamen ad sescentos moratorum in citeriore ripa
Padi segniter ratem solventes cepit. Transire
pontem non potuit, ut extrema resoluta erant, tota
rate in secundam aquam labente. Coelius auctor
est Magonem cum equitatu et Hispanis peditibus 15
flumen extemplo tranasse, ipsum Hannibalem per
superiora Padi vada exercitum traduxisse elephantis
in ordinem ad sustinendum impetum fluminis
oppositis. Ea peritis amnis eius vix fidem fecerint;
nam neque equites armis equisque salvis tantam 20
vim fluminis superasse veri simile est, ut iam
Hispanos omnes inflati travexerint utres, et multorum dierum circuitu Padi vada petenda fuerunt,
qua exercitus gravis impedimentis traduci posset.
Potiores apud me auctores sunt, qui biduo vix 25
locum rate iungendo flumini inventum tradunt; ea
cum **Magone** equites et Hispanorum expeditos
praemissos. Dum Hannibal, circa flumen legationibus Gallorum audiendis moratus, traicit gravius
peditum agmen, interim **Mago** equitesque ab 30
transitu fluminis diei unius itinere Placentiam ad
hostes contendunt. Hannibal paucis post diebus
sex milia a Placentia castra communivit et postero

45

die in conspectu hostium acie derecta potestatem
35 pugnae fecit.

§ 27

*Scipio, alarmed by the desertion of 2000 Gauls, moves to
higher ground near the Trebia. Hannibal follows him and
is admitted to Clastidium by treachery.*

Insequenti nocte caedes in castris Romanis, tumultu
tamen quam re maior, ab auxiliaribus Gallis facta
est. Ad duo milia peditum et ducenti equites
vigilibus ad portas trucidatis ad Hannibalem trans-
5 fugiunt, quos Poenus benigne adlocutus et spe
ingentium donorum accensos in civitates quemque
suas ad sollicitandos popularium animos dimisit.
Scipio caedem eam signum defectionis omnium
Gallorum esse ratus contactosque eo scelere velut
10 iniecta rabie ad arma ituros, quamquam gravis
adhuc vulnere erat, tamen quarta vigilia noctis
insequentis tacito agmine profectus ad Trebiam
fluvium iam in loca altiora collisque impeditiores
equiti castra movet. Minus quam ad Ticinum
15 fefellit; missisque Hannibal primum Numidis deinde
omni equitatu turbasset utique novissimum agmen,
ni aviditate praedae in vacua Romana castra
Numidae devertissent. Ibi dum perscrutantes loca
omnia castrorum nullo satis digno morae pretio
20 tempus terunt, emissus hostis est de manibus, et
cum iam transgressos Trebiam Romanos metan-
tisque castra conspexissent, paucos moratorum
occiderunt citra flumen interceptos. Scipio nec

46

vexationem vulneris in via iactati ultra patiens et
collegam—iam enim et revocatum ex Sicilia audierat 25
—ratus expectandum, locum, qui prope flumen
tutissimus stativis est visus, delectum communiit.
Nec procul inde Hannibal cum consedisset, quantum victoria equestri elatus, tantum anxius inopia,
quae per hostium agros euntem nusquam prae- 30
paratis commeatibus maior in dies excipiebat, ad
Clastidium vicum, quo magnum frumenti numerum
congesserant Romani, mittit. Ibi cum vim pararent, spes facta proditionis; nec sane magno pretio,
nummis aureis quadringentis, Dasio Brundisino, 35
praefecto praesidii, corrupto traditur Hannibali
Clastidium. Id horreum fuit Poenis sedentibus ad
Trebiam. In captivos ex tradito praesidio, ut fama
clementiae in principio rerum colligeretur, nihil
saevitum est. 40

§ 28

Sempronius on joining his colleague favours less cautious
plans. The Gauls irritated by Hannibal's plunder of their
land make overtures to the Romans. Sempronius sends a
force to attack the Carthaginian raiders and achieves a
certain measure of success in the fight.

Iam ambo consules et quidquid Romanarum virium
erat Hannibali oppositum aut illis copiis defendi
posse Romanum imperium aut spem nullam aliam
esse satis declarabat. Tamen consul alter equestri
proelio uno et vulnere suo minutus trahi rem 5
malebat; recentis animi alter eoque ferocior nullam
dilationem patiebatur. Quod inter Trebiam Padum-
que agri est Galli tum incolebant, in duorum

47

praepotentium populorum certamine per ambi-
10 guum favorem haud dubie gratiam victoris spectantes. Id Romani, modo ne quid moverent, aequo
satis, Poenus periniquo animo ferebat, ab Gallis
accitum se venisse ad liberandos eos dictitans. Ob
eam iram, simul ut praeda militem aleret, duo
15 milia peditum et mille equites, Numidas plerosque,
mixtos quosdam et Gallos, populari omnem deinceps agrum usque ad Padi ripas iussit. Egentes ope
Galli, cum ad id dubios servassent animos, coacti
ab auctoribus iniuriae ad vindices futuros declinant,
20 legatisque ad consules missis auxilium Romanorum
terrae ob nimiam cultorum fidem in Romanos
laboranti orant. Cornelio nec causa nec tempus
agendae rei placebat, suspectaque ei gens erat cum
ob infida multa facinora, tum, ut alia vetustate
25 obsolevissent, ob recentem Boiorum perfidiam;
Sempronius contra continendis in fide sociis maxi-
mum vinculum esse primos, qui eguissent ope,
defensos censebat. Collega cunctante equitatum
suum mille peditum iaculatoribus ferme admixtis
30 ad defendendum Gallicum agrum trans Trebiam
mittit. Sparsos et incompositos, ad hoc graves
praeda plerosque cum inopinato invasissent, ingentem terrorem caedemque ac fugam usque ad castra
stationesque hostium fecere; unde multitudine
35 effusa pulsi rursus subsidio suorum proelium resti-
tuere. Varia inde pugna sequentes inter cedentesque
cum ad extremum aequassent certamen, maior
tamen hostium caedes, penes Romanos fama
victoriae fuit.

48

§ 29

Elated by his success Sempronius taunts Scipio with
timidity, which he attributes to the effects of his wound.
He is eager to win a victory before the term of his command
expires.

Ceterum nemini omnium maior iustiorque quam
ipsi consuli videri; gaudio efferri, qua parte copiarum alter consul victus foret, ea se vicisse, restitutos
ac refectos militibus animos, nec quemquam esse
praeter conlegam, qui dilatam dimicationem vellet; 5
eum animo magis quam corpore aegrum memoria
vulneris aciem ac tela horrere. Sed non esse cum
aegro senescendum. Quid enim pugnam ultra
differri aut teri tempus? Quem tertium consulem,
quem alium exercitum expectari? Castra Cartha- 10
giniensium in Italia ac prope in conspectu urbis esse.
Non Siciliam ac Sardiniam victis ademptas, nec cis
Hiberum Hispaniam peti, sed solo patrio terraque,
in qua geniti forent, pelli Romanos. "Quantum
ingemiscant" inquit "patres nostri circa moenia 15
Carthaginis bellare soliti, si videant nos, progeniem
suam, duos consules consularesque exercitus, in
media Italia paventis intra castra, Poenum quod
inter Alpis Appenninumque agri sit suae dicionis
fecisse!" Haec adsidens aegro conlegae, haec in 20
praetorio prope contionabundus agere. Stimulabat
et tempus propinquum comitiorum, ne in novos
consules bellum differretur, et occasio in se unum
vertendae gloriae, dum aeger conlega erat. Itaque
nequiquam dissentiente Cornelio parari ad pro- 25
pinquum certamen milites iubet.

49

§ 30

Hannibal plans to lay a trap for the rashness of Sempronius
and posts Mago with 2000 troops in an ambush, ordering
the Numidian cavalry to provoke the enemy and draw
them in pursuit past the ambush.

Hannibal cum, quid optimum foret hosti, cerneret,
vix ullam spem habebat temere atque improvide
quicquam consules acturos; cum alterius ingenium,
fama prius, deinde re cognitum, percitum ac ferox
5 sciret esse ferociusque factum prospero cum praeda-
toribus suis certamine crederet, adesse gerendae rei
fortunam haud diffidebat. Cuius ne quod praeter-
mitteret tempus sollicitus intentusque erat, dum
tiro hostium miles esset, dum meliorem ex ducibus
10 inutilem vulnus faceret, dum Gallorum animi
vigerent, quorum ingentem multitudinem sciebat
segnius secuturam, quanto longius ab domo traher-
entur. Cum ob haec taliaque speraret propinquum
certamen et facere, si cessaretur, cuperet, specula-
15 toresque Galli, ad ea exploranda, quae vellet,
tutiores, quia in utrisque castris militabant, paratos
pugnae esse Romanos rettulissent, locum insidiis
circumspectare Poenus coepit. Erat in medio rivus
praealtis utrimque clausus ripis et circa obsitus
20 palustribus herbis et, quibus inculta ferme vestiun-
tur, virgultis vepribusque. Quem ubi equites
quoque tegendo satis latebrosum locum circum-
vectus ipse oculis perlustravit, "hic erit locus,"
Magoni fratri ait, "quem teneas. Delige centenos
25 viros ex omni pedite atque equite, cum quibus ad
me vigilia prima venias; nunc corpora curare

50

tempus est." Ita praetorium missum. Mox cum
delectis Mago aderat. "Robora virorum cerno"
inquit Hannibal; "sed uti numero etiam non animis
modo valeatis, singulis vobis novenos ex turmis 30
manipulisque vestri similes eligite. Mago locum
monstrabit, quem insideatis; hostem caecum ad
has belli artes habetis." Ita Mago cum mille
equitibus, mille peditibus dimissus. Hannibal
prima luce Numidas equites transgressos Trebiam 35
flumen obequitare iubet hostium portis iaculando-
que in stationes elicere ad pugnam hostem, iniecto
deinde certamine cedendo sensim citra flumen
pertrahere. Haec mandata Numidis; ceteris ducibus
peditum equitumque praeceptum, ut prandere 40
omnes iuberent, armatos deinde instratisque equis
signum expectare.

§ 31

The ruse succeeds. Sempronius, without taking precautions
to guard his men from the effects of hunger or cold, sends
all his troops piecemeal across the river to pursue the
Numidians. Hannibal prepares his army to meet them.

Sempronius ad tumultum Numidarum primum
omnem equitatum, ferox ea parte virium, deinde
sex milia peditum, postremo omnes copias a destinato iam ante consilio avidus certaminis eduxit.
Erat forte brumae tempus et nivalis dies in locis 5
Alpibus Appenninoque interiectis, propinquitate
etiam fluminum ac paludium praegelidis. Ad hoc
raptim eductis hominibus atque equis non capto
ante cibo, non ope ulla ad arcendum frigus adhibita,

51

10 nihil caloris inerat, et quidquid aurae fluminis
adpropinquabant, adflabat acrior frigoris vis. Ut
vero refugientes Numidas insequentes aquam in-
gressi sunt—et erat pectoribus tenus aucta nocturno
imbri,—tum utique egressis rigere omnibus corpora,
15 ut vix armorum tenendorum potentia essent, et
simul lassitudine et procedente iam die fame etiam
deficere. Hannibalis interim miles ignibus ante
tentoria factis oleoque per manipulos, ut mollirent
artus, misso et cibo per otium capto, ubi transgressos
20 flumen hostis nuntiatum est, alacer animis corporibusque arma capit atque in aciem procedit.
Baliares locat ante signa ac levem armaturam, octo
ferme milia hominum, dein graviorem armis peditem, quod virium, quod roboris erat; in cornibus
25 circumfudit decem milia equitum, et ab cornibus in
utramque partem divisos elephantos statuit. Consul
effuse sequentis equites, cum ab resistentibus subito
Numidis incauti exciperentur, signo receptui dato
revocatos circumdedit peditibus. Duodeviginti
30 milia Romana erant, socium nominis Latini viginti,
auxilia praeterea Cenomanorum; ea sola in fide
manserat Gallica gens. Iis copiis concursum est.

§ 32

The Carthaginian cavalry with the aid of the Balearic slingers and the elephants defeats the Roman cavalry on the wings; then, wheeling inwards, they envelop the Roman infantry, who offer a desperate resistance, in spite of the attack in their rear made by Mago from the ambuscade.

Proelium a Baliaribus ortum est; quibus cum maiore robore legiones obsisterent, diducta propere in cornua levis armatura est, quae res effecit, ut equitatus Romanus extemplo urgeretur: nam cum vix iam per se resisterent decem milibus equitum 5 quattuor milia et fessi integris plerisque, obruti sunt insuper velut nube iaculorum a Baliaribus coniecta. Ad hoc elephanti eminentes ab extremis cornibus, equis maxime non visu modo sed odore insolito territis, fugam late faciebant. Pedestris pugna par 10 animis magis quam viribus erat, quas recentis Poenus paulo ante curatis corporibus in proelium attulerat; contra ieiuna fessaque corpora Romanis et rigentia gelu torpebant. Restitissent tamen animis, si cum pedite solum foret pugnatum; sed 15 et Baliares pulso equite iaculabantur in latera, et elephanti iam in mediam peditum aciem sese tulerant, et Mago Numidaeque, simul latebras eorum improvida praeterlata acies est, exorti ab tergo ingentem tumultum ac terrorem fecere. 20 Tamen in tot circumstantibus malis mansit aliquamdiu immota acies, maxime praeter spem omnium adversus elephantos. Eos velites ad id ipsum locati verutis coniectis et avertere et insecuti aversos sub caudis, qua maxime molli cute vulnera 25 accipiunt, fodiebant. Trepidantisque et prope iam

in suos consternatos e media acie in extremam ad
sinistrum cornu adversus Gallos auxiliares agi
iussit Hannibal.

§ 33

With the rout of the Gallic auxiliaries the defeat of the
Romans is complete. A body of 10,000 men cut a way
through to Placentia. The Carthaginian pursuit being
checked by the Trebia, Scipio withdraws the remains of the
beaten army to Placentia and then to Cremona.

Ibi extemplo haud dubiam fecere fugam. Quo
novus terror additus Romanis, ut fusa auxilia sua
viderunt. Itaque cum iam in orbem pugnarent,
decem milia ferme hominum, cum alia evadere
5 nequissent, media Afrorum acie, qua Gallicis auxiliis
firmata erat, cum ingenti caede hostium perrupere
et, cum neque in castra reditus esset flumine inter-
clusis neque prae imbri satis decernere possent, qua
suis opem ferrent, Placentiam recto itinere per-
10 rexere. Plures deinde in omnes partes eruptiones
factae; et qui flumen petiere, aut gurgitibus
absumpti sunt aut inter cunctationem ingrediendi
ab hostibus oppressi; qui passim per agros fuga
sparsi erant, vestigia cedentis sequentes agminis
15 Placentiam contendere; aliis timor hostium auda-
ciam ingrediendi flumen fecit, transgressique in
castra pervenerunt. Imber nive mixtus et in-
toleranda vis frigoris et homines multos et iumenta
et elephantos prope omnis absumpsit. Finis inse-
20 quendi hostis Poenis flumen Trebia fuit, et ita
torpentes gelu in castra rediere, ut vix laetitiam

54

victoriae sentirent. Itaque nocte insequenti, cum
praesidium castrorum et quod reliquum sauciorum
ex magna parte militum erat ratibus Trebiam
traicerent, aut nihil sensere obstrepente pluvia aut, 25
quia iam moveri nequibant prae lassitudine ac
vulneribus, sentire sese dissimularunt; quietisque
Poenis tacito agmine ab Scipione consule exercitus
Placentiam est perductus, inde Pado traiectus
Cremonam, ne duorum exercituum hibernis una 30
colonia premeretur.

§ 34

The news of defeat causes terror at Rome. The Numidian
cavalry plunder the country. Hannibal fails to surprise a
Roman depot, but captures and sacks Victumulae.

Romam tantus terror ex hac clade perlatus est, ut
iam ad urbem Romanam crederent infestis signis
hostem venturum, nec quicquam spei aut auxilii
esse, quo a portis moenibusque vim arcerent; uno
consule ad Ticinum victo alterum ex Sicilia revo- 5
catum; duobus consulibus, duobus consularibus
exercitibus victis, quos alios duces, quas alias
legiones esse, quae arcessantur? Ita territis Sempronius consul advenit. Ingenti periculo per effusos
passim ad praedandum hostium equites audacia 10
magis quam consilio aut spe fallendi resistendive,
si non falleret, transgressus, id quod unum maxime
in praesentia desiderabatur, comitiis consularibus
habitis in hiberna rediit. Creati consules Cn.
Servilius et C. Flaminius iterum.   15

Ceterum ne hiberna quidem Romanis quieta erant vagantibus passim Numidis equitibus et, ut quaeque iis impeditiora erant, Celtiberis Lusitanisque. Omnes igitur undique clausi commeatus erant, 20 nisi quos Pado naves subveherent. Emporium prope Placentiam fuit et opere magno munitum et valido firmatum praesidio. Eius castelli expugnandi spe cum equitibus ac levi armatura profectus Hannibal, cum plurimum in celando incepto ad 25 effectum spei habuisset, nocte adortus non fefellit vigiles. Tantus repente clamor est sublatus, ut Placentiae quoque audiretur. Itaque sub lucem cum equitatu consul aderat, iussis quadrato agmine legionibus sequi. Equestre interim proelium com-30 missum, in quo quia saucius Hannibal pugna excessit, pavore hostibus iniecto defensum egregie praesidium est. Paucorum inde dierum quiete sumpta et vixdum satis percurato vulnere, ad Victumulas oppugnandas ire pergit. Id emporium 35 Romanis Gallico bello fuerat; munitum inde locum frequentaverant accolae mixti undique ex finitimis populis, et tum terror populationum eo plerosque ex agris compulerat. Huius generis multitudo, fama inpigre defensi ad Placentiam praesidii accensa, 40 armis arreptis obviam Hannibali procedit. Magis agmina quam acies in via concurrerunt, et, cum ex altera parte nihil praeter inconditam turbam esset, in altera et dux militi et duci miles fidens, ad triginta quinque milia hominum a paucis fusa. Postero die 45 deditione facta praesidium intra moenia accepere; iussique arma tradere cum dicto paruissent, signum

56

repente victoribus datur, ut tamquam vi captam urbem diriperent. Neque ulla, quae in tali re memorabilis scribentibus videri solet, praetermissa clades est; adeo omnis libidinis crudelitatisque et 50 inhumanae superbiae editum in miseros exemplum est. Hae fuere hibernae expeditiones Hannibalis.

§ 35

Hannibal attempts to cross the Appennines into Etruria, but is driven back by unusually severe storms of thunder and hail. The army suffers severely.

Haud longi inde temporis, dum intolerabilia frigora erant, quies militi data est, et ad prima ac dubia signa veris profectus ex hibernis in Etruriam ducit, eam quoque gentem, sicut Gallos Liguresque, aut vi aut voluntate adiuncturus. Transeuntem Appen- 5 ninum adeo atrox adorta tempestas est, ut Alpium prope foeditatem superaverit. Vento mixtus imber cum ferretur in ipsa ora, primo, quia aut arma omittenda erant, aut contra enitentes vertice intorti adfligebantur, constitere; dein, cum iam spiritum 10 includeret nec reciprocare animam sineret, aversi a vento parumper consedere. Tum vero ingenti sono caelum strepere et inter horrendos fragores micare ignes; capti auribus et oculis metu omnes torpere; tandem effuso imbre, cum eo magis accensa 15 vis venti esset, ipso illo, quo deprensi erant, loco castra ponere necessarium visum est. Id vero laboris velut de integro initium fuit; nam nec explicare quicquam nec statuere poterant, nec, quod statutum

57

20 esset, manebat, omnia perscindente vento et rapiente; et mox aqua levata vento cum super gelida
montium iuga concreta esset, tantum nivosae
grandinis deiecit, ut omnibus omissis procumberent
homines tegminibus suis magis obruti quam tecti;
25 tantaque vis frigoris insecuta est, ut ex illa misera-
bili hominum iumentorumque strage cum se quisque
attollere ac levare vellet, diu nequiret, quia tor-
pentibus rigore nervis vix flectere artus poterant.
Deinde, ut tandem agitando sese movere ac recipere
30 animos et raris locis ignis fieri est coeptus, ad
alienam opem quisque inops tendere. Biduum eo
loco velut obsessi mansere. Multi homines, multa
iumenta, elephanti quoque ex iis, qui proelio ad
Trebiam facto superfuerant, septem absumpti.

§ 36

Hannibal returns to the neighbourhood of Placentia and
fights an indecisive engagement with Sempronius, which is
terminated by nightfall.

Degressus Appennino retro ad Placentiam castra
movit et ad decem milia progressus consedit.
Postero die duodecim milia peditum quinque
equitum adversus hostem ducit; nec Sempronius
5 consul—iam enim redierat ab Roma—detrectavit
certamen. Atque eo die tria milia passuum inter
bina castra fuere; postero die ingentibus animis
vario eventu pugnatum est. Primo concursu adeo
res Romana superior fuit, ut non acie vincerent
10 solum, sed pulsos hostes in castra persequerentur,

mox castra quoque oppugnarent. Hannibal paucis propugnatoribus in vallo portisque positis ceteros confertos in media castra recepit intentosque signum ad erumpendum expectare iubet. Iam nona ferme dici hora erat, cum Romanus nequiquam 15 fatigato milite, postquam nulla spes erat potiundi castris, signum receptui dedit. Quod ubi Hannibal accepit laxatamque pugnam et recessum a castris vidit, extemplo equitibus dextra laevaque emissis in hostem, ipse cum peditum robore mediis castris 20 erupit. Pugna raro magis ulla saeva aut utriusque partis pernicie clarior fuisset, si extendi eam dies in longum spatium sivisset; nox accensum ingentibus animis proelium diremit. Itaque acrior concursus fuit quam caedes, et, sicut aequata ferme pugna 25 erat, ita clade pari discessum est. Ab neutra parte sescentis plus peditibus et dimidium eius equitum cecidit; sed maior Romanis quam pro numero iactura fuit, quia equestris ordinis aliquot et tribuni militum quinque et praefecti sociorum tres sunt 30 interfecti. Secundum eam pugnam Hannibal in Ligures, Sempronius Lucam concessit. Venienti in Ligures Hannibali per insidias intercepti duo quaestores Romani, C. Fulvius et L. Lucretius, cum duobus tribunis militum et quinque equestris 35 ordinis, senatorum ferme liberis, quo magis ratam fore cum iis pacem societatemque crederet, traduntur.

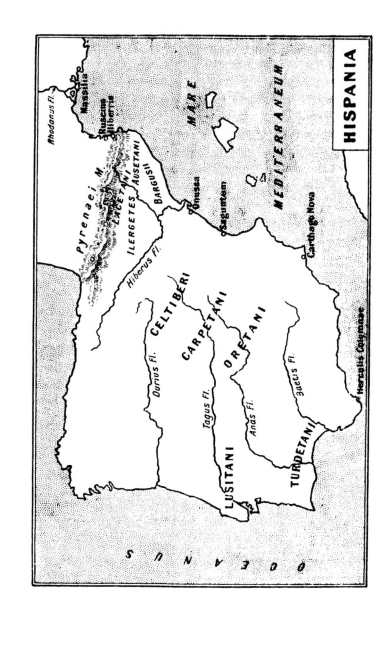

HISPANIA

Rhodanus Fl.

Massilia

Ruscino
Illiberis

Pyrenaei. M.

LACETANI

AUSETANI

BARGUSII

ILERGETES

MARE

MEDITERRANEUM

Emporiae

Saguntum

Carthago Nova

Hiberus Fl.

CELTIBERI

Durius Fl.

CARPETANI

Tagus Fl.

ORETANI

Anas Fl.

Baetis Fl.

Herculis Columnae

LUSITANI

TURDETANI

O C E A N U S

NOTES ON THE TEXT

§ 1

l. 1. **In parte operis mei**] *parte* is emphatic as opposed to *principio summae totius*, "I may remark at the beginning of part of my work, what many historians have claimed at the beginning of their whole work".

l. 14. **ultro**] "unprovoked". *Ultro* suggests that something has been done beyond what could have been expected.

l. 14. **quod...inferrent arma**] "because, as they alleged, they attacked".

l. 15. **quod...crederent**] The subjunctive is here not quite logical; one would expect either *quod imperitatum esse credebant* or *quod imperitatum esset*.

l. 19. **Africo bello**] Immediately after the close of the First Punic War, the mercenaries of Carthage, angry at not receiving their pay, broke into a dangerous rebellion. The military talents of Hamilcar were required to bring this "African war" to a successful conclusion.

§ 2

l. 2. **in se convertit**] "attracted to himself the attention of".

l. 5. **habitum oris lineamentaque**] "expression and features".

l. 6. **ut pater in se...esset**] *momentum* (= *movimentum*) = anything that alters the balance of a scale, and so "that which moves, impels, or influences". "His father was in his case (*in se*) the least important factor in gaining him popularity." Or perhaps it is better to take *pater in se* closely together, "his father in him", i.e. "his resemblance to his father".

l. 8. **diversissimas**] "opposite", not merely "different". Remember that *acies diversa* means an army drawn up to face both ways, front and rear.

l. 12. **ubi quid...agendum esset**] In describing an action indefinitely repeated, Livy frequently uses the subjunctive instead of the more Ciceronian indicative; "whenever anything had to be done". There are two more instances lower down; *id quod gerendis rebus superesset* and *nulla re quae agenda videndaque magno futuro duci esset*.

l. 18. **desiderio naturali**] "The limits of his food and drink were fixed by his natural appetite, not by any pleasure that he took in eating or drinking."

61

l. **20. gerendis rebus**] dative after *superesset*; "any time that was left over from business".

l. **25. arma atque equi**] "*But* his armour and horses always attracted notice." In Latin it is customary to link a sentence in some way with that which precedes, with the noticeable exception that clauses or phrases that are in strong contrast are put side by side without any conjunction; cp. xxii, c. 27, § 9: *nec se tempora aut dies imperii cum eo, exercitum divisurum,* "he would not divide with him periods of command, but he would divide the army".

l. **29. inhumana crudelitas**] This is hardly fair to Hannibal. The narrative shows that, while he was guilty of occasional cruelty, he could be merciful, and even generous. Perhaps, like Julius Caesar, he was a cold-blooded man, who used clemency and cruelty as instruments of policy.

l. **29. perfidia plus quam Punica**] *Punica fides* meant to a Roman "treachery". Compare the French phrase, "perfide Albion". Possibly, as a race of traders, the Carthaginians had gained a reputation for sharp dealing. But it is equally likely that the phrase originated purely from the military experience of Rome. The slow-witted Romans easily came to regard any tactical deception practised on them as an act of treachery. Certainly, though it is not possible to assert that Hannibal always kept faith, he hardly deserves to be described as more treacherous than the average Carthaginian.

l. **31. hac indole**] "this mixed character of virtues and vices".

§ 3

l. **6. ceterum**] "anyhow". *Ceterum* is frequently used to bring one back to the point after a digression, = "to return to the story".

l. **8. disciplinae sanctitate**] "strict training".

l. **13. vergens in**] "facing towards".

l. **16. vineis**] *Vineae* were light shelters, of wood or wickerwork, advanced up to the walls, under cover of which a battering ram could be brought to bear.

l. **15. ut...ita**] "although...yet".

l. **19. ut**] with ellipse of the verb, here = "as [was to be expected] at a dangerous spot".

l. **21. ostendebatur**] "was in evidence".

l. **24. pro**] as often in such phrases = "on", lit. "on the front part of".

l. **30. femur**] the so-called adverbial accusative with a passive verb, common in poetry, but not usual in prose.

It is a quite natural extension of the use of the accusative, of which the real use is to limit or define the action of the verb. Thus *interficio*, "I kill", is indefinite; but *interficio hostem*, "I kill the enemy", is definite. So *ictus*, "wounded", is vague and indefinite, but the accusative comes in to limit the action of the verb to a special spot, "wounded in the thigh".

<h2 style="text-align:center">§ 4</h2>

l. 2. **dum**] "until", the subjunctive suggesting that there is aim or purpose in the temporal clause.

l. 3. **ut...ita**] "though...yet".

l. 4. **cessatum ab**] "there was no slackening in".

l. 6. **pluribus partibus**] Notice that Livy uses the ablative of "place where" without a preposition with much greater freedom than the strictly classical authors.

l. 10. **ad omnia tuenda atque obeunda**] "to defend every part and to fulfil every duty".

l. 13. **una...nudaverat urbem**] lit. "one spot with a series of breaches had laid bare the city", i.e. at one spot a series of breaches had left the city defenceless.

l. 17. **velut si...texisset**] "as though the wall had protected them both from the other", i.e. had kept them from getting at each other. Usually the wall of a besieged city would protect the defenders from the assailants; here, it seemed equally to defend the assailants from the defenders, who were only anxious to reach the enemy.

l. 19. **tumultuariae pugnae**] "a rough and tumble fight", as opposed to *iusta acies*, "a battle in regular formation".

l. 20. **per occasionem partis alterius**] "when either side got a chance".

l. 24. **cepisse**] "had already captured", much more emphatic than the future infinitive would have been.

l. 25. **adnitatur**] "if he made a little extra (*ad-*) effort".

l. 30. **nullo...telo**] "no weapon falling without effect between shield and body". They were so closely packed that every missile found a mark.

l. 31. **Phalarica**] a national weapon of the Spaniard, larger than the usual javelin, but not otherwise dissimilar. It may be derived from *phalae*, towers on a wall from which it was hurled. Virgil describes the gigantic Turnus as using it.

l. 32. **cetera tereti**] *cetera*, adverbial accusative, here with an adjective, whose application it defines or limits; "rounded in the rest of its length". Cp. supra, *femur ictus*.

l. **36. cum armis...corpus**] "body as well as shield".

l. **38. cum medium...ferret**] The subject is *telum*; "since it was flung with the centre ablaze and carried a considerably larger flame, because it was fanned by motion through the air (*conceptum* agreeing with *ignem*)".

l. **42. quia...resisterent**] "because, as they thought, they were putting up a better resistance than they had expected". The force of the subjunctive is the same in *quia non vicisset*.

l. **44. pro**] "as good as".

§ 5

l. **6. stimulando**] ablative in apposition to and explaining *ira*; "by incensing them against the enemy".

l. **7. pro contione**] "before an assembly of the army". The use of the word *contio*, "public meeting", shows that the army, though soldiers, still retained some of the democratic rights of a collection of citizens.

l. **10. ut...ita**] "although...yet".

l. **21. catapultis ballistisque**] engines for discharging darts and stones.

l. **23. occasionem**] Supply *esse*.

l. **25. caementa**] "the (cut) stones (*caedi-menta*) had not been bound together with mortar, but had merely had the interstices filled with mud".

l. **27. caederetur**] indefinite frequency, "at any places where"; see note on *ubi quid agendum esset*, § 2, l. **12.**

l. **28. per patentia ruinis**] "through the gap made by the breach".

l. **34. interiora tuendo**] "by contracting their defences", i.e. by repeatedly taking up a new line of defence more and more encroaching on the city. Livy is exaggerating. The Saguntines could hardly have constructed a new line of defence every day.

l. **38. circa**] Before this word supply "but", or "while"; see note on *arma atque equi*, § 2, l. **25.**

§ 6

l. **1. Temptata...exigua pacis spes**] Livy has tried to compress two statements into one. "The hopes of peace were small, but an attempt was made to realize them."

l. **5. ut ab irato victore**] "as (was to be expected) from an infuriated victor".

l. **7. moriturum**] Supply as subject to the infinitive *eum*, antecedent to *qui*.

64

l. 10. singulis vestimentis] Either with only the clothes they had on or with one change of clothing; probably the latter, cp. *binis vestimentis*, § 6, l. 49.

l. 16. hospes] "friend by alliance". In times when communication was difficult and hotels did not exist, it was the custom of a family in one state to form an alliance of friendship (*hospitium*) with a family in another state. The one family would represent the interests of the other, if any necessity arose, and would entertain any member of the other who might visit the state. Hence *hospes* can mean both "host" and "guest" as well as "friend".

l. 29. referentibus] Here practically a noun, "those who tell the truth".

l. 32. ullius alterius] sc. *causa*. Note that the main clause is *vel ea fides sit*, "let just (*vel*) this be a proof". The accusative and infinitive *me loqui* states what he wishes to prove, the clause *quod...mentionem feci* gives the proof of it.

l. 39. ita...si] "only if". **eam]** sc. *pacem*.

l. 42. in damno...habituri estis] "reckon as a loss"; *pro munere habituri estis*, "regard as a present".

l. 54. vel] "even". Notice the change of construction from *haec patienda* (*esse*) to *sinatis*. The laws of war still entitled the victor to kill the adult males and to enslave the women and children of a captured city.

§ 7

l. 3. priusquam...daretur] Notice the subjunctive, "before an answer *could* be given".

l. 6. eodem] sc. *in ignem*.

l. 16. Quod imperium crudele] A compressed statement; "the order seemed to be a cruel one, but results proved the massacre to be almost unavoidable".

l. 20. ante...quam morientes] The meaning is clear, "until they were killed", but one might have expected either *antequam occisi sunt* or *nisi morientes*.

§ 8

l. 8. trepidarent] *trepidare* means "to be in any sort of bustle or confusion due to agitation, but not necessarily fear".

l. 12. Sardos Corsosque] Three years after the end of the First Punic War, in 238 B.C., the mercenaries of Sardinia revolted from Carthage and appealed to Rome.

65

When Rome sent troops to annex the island, Carthage prepared also to send troops there, but realizing that she was in no fit state to renew the war against Rome, she agreed to cede Sardinia to the Romans.

l. 12. **Histros atque Illyrios**] The allusion is to certain operations that Rome undertook in 229 and 221 B.C. to put down piracy in the Adriatic.

l. 13. **lacessisse...exercuisse**] i.e. had provoked the Roman armies to action but had not put them to any great strain.

l. 14. **tumultuatum**] The word *tumultus* was especially applied by the Romans to their frequent fights with Gauls, which they did not dignify with the name of regular warfare.

l. 20. **Gallicas gentes**] During the years 225 to 222 B.C. the Romans had had some heavy fighting with the Boii and Insubres in the valley of the Po; and it was known that the vanquished Gauls were still full of discontent at their defeat and subsequent treatment and were ready to seize any chance of revolt.

l. 24. **sortiri**] Before the two consuls were elected, the Senate selected two *provinciae* or spheres in which each should take charge; after election, lots were drawn to decide which each should have.

l. 32. **Latum...ad populum**] "A motion was brought before the popular assembly." Although the Senate, a body representative of all the talent and experience of the state, was, in effect, the real governing body of the Republic, certain formal acts, like a declaration of war, could only be done by the assembly of the people.

l. 34. **supplicatio**] a solemn service, either of intercession on some occasion of great importance or of thanksgiving after some great success.

l. 42. **ita...si**] "only if".

l. 50. **suo iusto equitatu**] "with its proper proportion of cavalry", 300 to the legion of 4000 infantry.

l. 54. **eodem versa**] *versa* in agreement with *milia*, = "troops destined for the same purpose".

It is worth noticing that the proposed strategy of the Romans was sound; to intercept Hannibal before he left Spain and to make a direct thrust at Carthage. Their superiority at sea. which Carthage did not challenge in this war, should have enabled them to carry out these measures safely and rapidly. But they were so slow, and Hannibal so rapid in movement, that he crossed the Rhone and reached the Alps without opposition. So the attack on Carthage was abandoned and Sempronius was recalled to assist Scipio in confronting Hannibal in North Italy.

l. 56. **omnia iusta**] "all due formalities".

l. 62. defenderent] "plead in defence".

From the speech of the Carthaginian it is clear that war was inevitable; but, as was usual in these days of superstition, each side was anxious to avoid the appearance of having caused the war by breach of a treaty. The Carthaginians were inclined to attribute their defeat in the First Punic War partly to the fact that it was a breach of a treaty on their part which had brought on the declaration of war. In attacking Saguntum there is no doubt that the Carthaginians had sinned against the spirit of the treaties that they had made with Rome; but it was possible to argue that they had not offended against the letter of any treaty by which they were formally bound.

l. 70. Sub] "immediately after", "at these words".

l. 71. daret] indirect command dependent on *succlamatum est*.

§ 9

l. 2. redit] sc. *Hannibal*.

l. 8. cura ingenii humani] "with the natural curiosity of a man".

l. 14. moles] "monster". The Romans used *moles* of anything of great size or mass, or of a problem of great weight or difficulty; i.e. of anything which would require a great effort; cp. *tantae molis erat Romanam condere gentem*.

l. 32. iter averterunt] "marched off in a different direction", i.e. deserted.

l. 35. anceps] "dangerous".

§ 10

l. 17. citeriore agro] = land nearer to Hannibal, i.e. on the west bank of the Rhone.

l. 21. eorum ipsorum] partitive genitive, dependent on *eos* understood as antecedent to *quos*.

l. 27. temere...paratarum] "roughly built for local use".

l. 30. materiae] "timber".

§ 11

l. 5. adverso flumine] "upstream"; cp. *secundo flumine*, "downstream".

l. 14. mole] "difficulty"; cp. note on *moles*, § 9, l. 14.

l. 16. alius exercitus] "the rest of the army", a Livian use of *alius*.

l. 25. ad excipiendum] "to break the full (*adversi*, 'flowing against them') force of the stream".

l. 36. nautarum militum] "sailors and soldiers", *et* being omitted sometimes in a passage of rapid description.

l. 39. adverso tumultu] "by the uproar in front of them".

l. 41. anceps] Here, in its exact sense, "double"; they were being assailed both in front and rear, as the following ablatives absolute explain.

§ 12

l. 4. refugientem] sc. *rectorem*.

l. 6. ut...destitueret] "whenever (cp. note on *ubi quid agendum esset*, § 2, l. 12) the shallow water failed them, for they feared deep water".

l. 9. ut...ita] "although...yet".

l. 10. ad fidem pronius] "easier to believe". *Pronus* = "sloping downwards" and so often "inclined towards, easy" as opposite to *arduus*, "uphill, difficult".

l. 13. parte superiore...religatam] Notice that the Romans always say "tied from", not "tied to".

l. 17. ad traiciendum flumen apta] The second raft did not reach across the stream, so as to bridge it, but was towed across by boats (*actuariae naves*, "light craft").

l. 24. continenti velut ponte] "on what they thought (*velut*) was a connected bridge (i.e. attached to the land)".

l. 26. urgentes inter se] "pushing each other about". The Romans had no word for "each other" and used the awkward prepositional phrase *inter se* instead.

§ 13

l. 6. atrocius quam pro numero] "a fierce engagement considering their (small) numbers", lit. "fiercer than in proportion to their numbers".

l. 14. haud sane incruentam] "a victory not bloodless, but one in which the issue was long doubtful". After a negative phrase -*que* must often be translated "but".

l. 17. stare sententia] i.e. Scipio had no fixed idea except to adapt his plans to the tactics of the enemy.

l. 24. integro bello] i.e. before the war had yet properly begun; tr. "avoiding battle".

l. 26. Multitudo] i.e. the common soldiers, the rank and file.

l. 28. fama] to be taken with *horrendam*.

68

l. **6. stipendia facere**] "to serve", lit. "to earn pay".

l. **8. duo diversa maria**] "two widely distant seas", the Atlantic and the Mediterranean.

l. **21. quid...aliud...credentes**] a participial interrogative clause. Translate as if *crederent*. "What else did they think the Alps but high mountains?"

l. **31. migrantium modo**] *modo* is ablative of *modus*, "after the manner of". Distinguish this from the adverbial use of *modo*, "only" or "recently".

l. **35. quid...esse**] The accusative and infinitive is used instead of the subjunctive in a rhetorical question, i.e. a question which is not asked to elicit information, but which is really a statement put in the form of a question for oratorical effect.

l. **35. exhaustum**] lit. "drunk to the dregs".

l. **37. arduum...quod inceptum moretur**] "difficult enough to delay their undertaking".

l. **38. Gallos**] In 390 B.C. the Gauls descended into Italy and after defeating the Romans at the battle of the Allia occupied Rome with the exception of the Capitol. They failed to surprise the Capitol by night, when the geese by their cackling roused the Roman defenders. Camillus, who was in exile at Veii, was recalled and defeated the Gauls.

l. **40. cederent...sperent**] Livy, in Oratio Obliqua, passes rapidly from historic to primary sequence, apparently merely for the sake of variety and vividness.

§ 15

l. **3. adversa ripa**] "up the bank"; cp. *adverso flumine*.

l. **4. non quia...esset**] The subjunctive is used in a causal clause, generally with *quod* or *quo*, when the denied reason is contrasted with the real reason; here the second and real reason is given by the participle, *credens = quod credebat*.

l. **7. Quartis castris**] i.e. in four days' march.

l. **11. Insulae**] dative; the name itself is often in the dative in apposition to the person or place to which the name is given.

l. **17. pellebatur**] Note the imperfect, "an attempt was being made to expel".

l. **22. frigoribus**] ablative of cause, "notorious for cold".

l. **36. praebet**] The verb is used in two slightly differing senses with two objects; *nova semper vada novosque gurgites praebet*, "continually makes fresh shoals and fresh currents"; *nihil stabile nec tutum praebet*, "offers no foothold or safety". The sentence logically ends with the statement of the reason why the river was not navigable, *quia...gurgites (praebet)*, but an additional clause is added at the last moment to show why it was also difficult to ford.

l. **42. quadrato agmine**] Not the usual marching formation (*agmen*) nor the usual fighting formation (*acies*), but a formation employed in proximity to an enemy, from which it was easy to join battle. Perhaps, *quadrato* (lit. "squared") suggests a broader formation than our modern column of fours, which was capable of facing in any direction to resist an attack from the flanks.

l. **47. Ne tamen nuda**] Scipio adopted a wise precaution in sending on the bulk of the troops that he had with him to Spain. It was essential for Rome to check Hasdrubal and prevent reinforcements following Hannibal from Spain. Even after Cannae, when the Romans were at their wits' end to raise fresh legions, they did not hesitate to answer promptly an appeal from Spain for reinforcements.

§ 16

l. **2. cum bona pace...Gallorum**] "unmolested by the Gauls inhabiting those parts".

l. **4. in maius vero ferri**] "to be exaggerated"; *vero* is ablative of comparison after *maius*.

l. **5. visa montium altitudo**] Remember that the admiration felt for mountains and mountainous scenery is little more than a century old. The ancients regarded the Alps with awe akin to horror.

l. **10. Erigentibus agmen**] *agmen erigere*, "to march uphill"; *agmen demittere*, "to march downhill".

l. **16. ea**] sc. *via*, "by that way".

l. **28. quam pro numero**] See note on *atrocius quam pro numero*, § 13, l. 6.

l. **31. quoque**] ablative of *quisque; acerrimus quisque*, "all the bravest men".

l. **39. trepidationem**] "confusion". Remember that *trepidus* does not necessarily imply fear.

l. **41. quidquid...terroris**] This clause forms the subject of the infinitive, *fore*. The genitive, *terroris*, depends on *quidquid*. Notice the fondness of the Romans for using a pronoun or simple adjective in the neuter (in nom. or acc. only) with a genitive after it, instead of an adjective in

70

agreement with a noun, e.g. *multum timoris* instead of *multum timorem*; cp. *plus certaminis*, just below.

l. 42. **diversis rupibus** i.e. from the cliffs on both sides.

l. 45. **quoque** ablative of *quisque*.

l. 47. **infestum agmen faciebant** "endangered the army".

l. 49. **repercussae** "echoing".

l. 55. **ruinae maxime modo** "very much in the manner of a falling house". Remember that *ruina* means "ruin" only in the sense of the falling of a thing like a house; not of the house when fallen, as we use the word "ruins".

l. 60. **ne...traduxisset** Note the pluperfect, "lest he should be found to have led across".

This passage illustrates the strength and weakness of Livy's descriptive power. The general impression of the confusion of Hannibal's army is vivid and dramatic; but when one looks closely at the details of the incident, it is difficult to say what actually is happening. At one moment the Carthaginians appear to be in a defile with the Gauls charging down from the sides, at another on a ridge with precipitous sides. Probably both situations occurred, and Livy's love of brevity leads him to run them together.

§ 17

l. 1. **frequentem cultoribus** "crowded with inhabitants". Notice this, the original and proper, sense of *frequens*.

l. 2. **ut inter montanos** Another elliptical use of *ut*, "considering that it was in a mountainous district"; not the same as in *ut in suspecto loco*, § 3, l. 19.

l. 6. **memorantes** agrees with *principes*, "saying". The construction after it is *se...doctos...malle*.

l. 8. **ad fidem** "as a guarantee of their promises".

l. 14. **composito** Take the words in the following order, *agmine nequaquam composito ut inter pacatos*.

l. 22. **In eos versa** The sentence is rendered obscure by the attempt of Livy to compress two statements into a single sentence with one main verb. It was not the infantry that made the danger obvious, but "the infantry turned to face their assailants and it soon became obvious".

l. 27. **demittere agmen** See note on *erigentibus agmen*, § 16, l. 10.

l. 30. **per obliqua** lit. "crosswise". The tribesmen

71

charged down from the flank and temporarily cut Hannibal's army in two.

l. **38. utcumque...daret**] For the subjunctive see note on *si quid agendum esset*, § 2, l. **12**, and cp. *quacumque incederent*, below.

l. **40. sicut...ita**] "though...yet".

§ 18

l. **2. errores**] i.e. marches in the wrong direction.

l. **3. initae valles**] Here we see how the Romans were sometimes handicapped by the lack of simple abstract nouns; it was not the valleys that caused the mistakes, but the entering of valleys without due care (*temere*).

l. **15. ostentat**] The verb first governs plain accusatives, *Italiam*, *campos*, and then the accusatives and infinitives that follow, *eos transcendere*, etc.

l. **18. plana, proclivia**] "simple and easy"; *plana*, "on the level", *proclivia*, "downhill".

l. **19. summum**] adverb, "at most".

l. **24. ut**] rarely used, as here, to give a reason; "as".

l. **24. ab Italia**] "on the Italian side".

§ 19

l. **1. rupem**] "a much narrower gully with such a steep gradient (*rectis saxis*)".

l. **12. circumduceret**] "that he would have to lead his army round". Again, the details of Livy's description are obscure. The rocky track had at this point been obliterated by a landslip, and it seems as if the army took to the snow to try and get round the gap.

l. **19. via**] ablative absolute with *recipiente*, *lubrica* agreeing with *via*.

l. **20. in prono**] "on a downward slope".

l. **23. ad quas...eniti**] *ad* is difficult. It should mean, "to which they could struggle up by hand and foot". They would be useful to hang on to while resting and to push off from when making a fresh start. Some translate it, "resting on which they could struggle up"; but this would seem an impossible meaning to elicit from *ad*.

l. **24. tantum**] "only", "on what was nothing but smooth ice".

l. **27. iactandis**] "by kicking up their hoofs wildly in their struggles to rise".

l. **34. rupem muniendam**] An extension of the usual phrase *viam munire*; tr. "to make a way through the rock".

l. 39. infuso aceto] This remarkable incident is referred to by other authorities than Livy. Perhaps the most one can say is that it might be possible to do something of the sort on a small scale, especially if the rock were limestone.

l. 41. pandunt] "open up a way through".

l. 41. molliunt...clivos] "made the gradient easier by means of short zig-zags".

It is not worth while to discuss, even briefly, the difficult question, by which pass Hannibal crossed the Alps. It is difficult enough to see what pass Livy thinks he is describing. In any case it is impossible to prefer his account to that of Polybius. The Greek historian, born in 204 B.C., was more nearly a contemporary authority, has some reputation for geographical accuracy and claims both to have made personal enquiries and to have crossed the pass himself. Though the problem can never be solved, many authorities conclude from Polybius that Hannibal crossed by the Little St Bernard pass and descended into the territory of the Insubres.

§ 20

l. 3. armare] "put into the field".

l. 7. squalida] agreeing with *corpora*.

l. 9. accepto tirone] "although he had taken over from Manlius and Atilius an army of recruits".

l. 18. oppressisset] "surprised".

l. 20. praesentem] "the man on the spot".

l. 23. imbutus] *imbuo* has a special meaning of receiving a first stain of colour, and hence of being initiated into something, so that here *imbutus admiratione* means "starting with a preconceived admiration for the other".

l. 28. inter se opinionem] "their opinion of each other".

l. 28. quod relictus...Hannibali] Livy, in seeking a contrast or parallel to Hannibal's great achievement of crossing the Alps, exaggerates grossly what Scipio had done; it was a mere nothing to sail from the mouth of the Rhone to Pisa and then march to the Po.

§ 21 (a)

Scipio's speech in encouraging his troops is plausible but full of exaggeration. He is right to emphasize the fact that Rome had already shown herself superior to Carthage in the First Punic War. But he exaggerates the small cavalry

engagement on the Rhone into a real victory; he accuses
Hannibal of running away from him, when his policy was
the sound one of crossing the Alps before trying conclusions
with the Roman army.

l. 7. **rēferret**] not from *rĕfero*, but from the impersonal
rĕfert.

l. 10. **confessionem...pro victoria habui**] A compressed statement: "I regarded as a victory the admission
of his inferiority that he made in retiring and refusing
battle".

l. 13. **meis auspiciis**] practically means "as my
subordinate". The consuls alone had both the *imperium*,
the right of giving orders, and the *auspicium*, the right of
consulting the will of the gods in the name of the army.
So Cn. Scipio, who had been detached for service in Spain
by his brother as *legatus*, was conducting his campaign, not
under his own auspices, but under those of his brother.

§ 21 (*b*)

l. 3. **stipendium...Siciliam...Sardiniam**] Under
the treaty which ended the First Punic War, Carthage
agreed to surrender Sicily to Rome and to pay an indemnity
of 2200 talents in twenty years (subsequently changed to
3200 talents in ten years). For the Roman annexation of
Sardinia, see note on *Sardos Corsosque*, § 8, l. 12.

l. 9. **duabus partibus**] "two thirds"; similarly
tribus partibus, "three quarters" and so on.

l. 12. **At enim**] "But, you will say", introducing an
imaginary objection from the other side, which the speaker
proposes to demolish.

l. 15. **immo**] "nay".

l. 23. **forsitan**] "perhaps"; as its derivation shows
(*fors sit an*), it should throw the verb into the subjunctive,
like *nescio an*, and in Ciceronian Latin it does so.

l. 23. **foederum ruptore**] Hannibal was accused of
violating the treaties made with Rome in 241 and 225 B.C.
by his unprovoked attack on Saguntum. *Populo*, the
Carthaginian people were involved in his guilt, because
they had refused to disown his action.

l. 25. **committere...profligare...conficere**] "to start,
to bring almost to a conclusion, to finish off".

§ 21 (*c*)

l. 6. **haberem**] conditional, "I should have my
brother as my partner (if I had gone on to Spain)".

74

l. **11. qua parte**] i.e. *ea parte qua, ea parte* being in apposition to *equitatu* suggested by *equestri*.

l. **16. in radicibus prope Alpium**] Scipio on the Ticinus was some way from the foot of the Alps, and so far from engaging Hannibal immediately on his descent from the mountains, he had allowed him to rest his troops and reduce the Taurini to submission. The Romans seem to have been so much taken by surprise by the rapidity of Hannibal's movements, that they do not appear to have taken any steps to discover to what route he had committed himself.

l. **17. Utrum...vestigiis eius**] "Do I look as if I had run into him by accident in trying to avoid a combat instead of going to meet him in his tracks?" A compressed expression = "to follow (normally *vestigiis sequi*) and then to meet in battle".

§ 21 (*d*)

l. **3. Aegatis...insulas**] C. Lutatius Catulus won a great naval victory over the Carthaginians at the Aegates Islands off the west end of Sicily, and thereby practically decided the First Punic War.

l. **3. Eryce**] Hamilcar was in occupation of Mount Eryx overlooking Drepana at the close of the war. He was compelled to evacuate his position, not by defeat, but by the conclusion of peace and the subsequent evacuation of Sicily by the Carthaginians.

· l. **6. vectigalis stipendiariusque**] "paying tribute", loosely used of the indemnity that Carthage covenanted to pay.

l. **8. agitaret**] "haunted", the word used by Virgil of Orestes pursued by the Furies.

l. **21. intra paucos dies...Carthaginem delere**] Not altogether a vain boast. The Carthaginians in Africa ruled over such unwilling subjects that an invading army had little else to do than to march on Carthage. On the other hand, Rome's subjects in Italy were in the main loyal, and Hannibal could not detach them from her, nor attack Rome herself, leaving them unsubdued.

l. **24. tutelae**] possessive genitive, "we regarded them as under our protection". If one examined the behaviour of the Romans to the Carthaginians in the years immediately following the close of the First Punic War, one would be inclined to say that, instead of protecting their late adversaries, they kicked them when they were down.

75

§ 21 (e)

l. 8. velut si...pugnemus] If in a comparative clause an actual state of affairs is compared with an imaginary picture ("as if we were fighting, but we are not"), the verb is in the subjunctive; the tense of the subjunctive is decided by the ordinary rules of sequence; so *pugnabat velut si insaniret*, "he fought as if he were mad". Cp. *velut si servos videatis*, a few lines above.

l. 10. putet] jussive subjunctive; "every one of you must imagine".

§ 22

l. 5. si] "on condition that". victor] "if victorious".

l. 6. decertare] "to fight to the death".

l. 8. deiecta...sors] The lots were probably put into a helmet, which was shaken till one by one they dropped out.

l. 8. se quisque...optabat] Take the words in the following order, *quisque optabat se [esse] eum quem fortuna legeret*.

l. 12. Ubi...dimicarent] Note the subjunctive, "whenever they fought".

l. 14. non...magis quam] The emphasis will be wrong if this idiom is translated literally. The meaning is, "the fate of those who died bravely was praised quite as much as the good fortune of the conquerors".

§ 23 (a)

l. 3. vicimus] "we have won"; the perfect here is much more vivid than the future would have been.

l. 4. veluti imago] Omit *veluti* in translating. The Romans used few metaphors (apart from those drawn from such common subjects as agriculture, sailing, etc.). They preferred the concrete and literal to the abstract and picturesque. Livy could not say that the spectacle was a "picture of your own state" without apologizing for the metaphorical use by inserting *velut*.

l. 5. nescio an] "I almost think".

l. 15. quibus] ablative of comparison after *ampliora*.

§ 23 (b)

l. 3. quidquid] Insert "but". This clause is strongly contrasted with the preceding; and in such cases the Romans did not use a contrasting conjunction; see note on § 2, l. 25.

76

l. 5. **In**] "to win", lit. "with a view to", a common meaning of *in*.

l. 8. **consectando**] Notice that Livy often uses the ablative of the gerund in almost exactly the same sense as the present participle, *consectantes*.

l. 15. **emeritis stipendiis**] "after completing your service", lit. "after earning your military pay in full".

§ 23 (c)

l. 2. **existimaritis**] perfect subjunctive used with the negative, *nec*, to express a prohibition.

l. 4. **momento**] See note on *momentum*, § 2, l. 6.

l. 7. **illa**] "well known", as in the phrase *Alexander ille magnus*.

l. 12. **caeso victo circumsesso a Gallis**] In this year the Boii and Insubres, angry at the planting of military settlements, *coloniae*, in their territory, broke into rebellion. L. Manlius marched against them, became involved in some difficult fighting in the forests, and only extricated himself after sustaining heavy casualties.

l. 15. **eundem**] "as well".

l. 17. **semenstri**] Scipio had served rather more than half of his year's term of command as consul.

l. 18. **desertore exercitus sui**] An unfair taunt. Scipio had sound reasons for sending most of his troops to Spain, as Hannibal subsequently had good cause to realize; see note on *ne tamen nuda*, § 15, l. 47.

l. 25. **referre**] "recall".

l. 26. **prius...quam**] Keep the literal meaning "before" and do not translate as if it was *potius quam*. Hannibal was brought up in the army which he afterwards commanded.

§ 23 (d)

l. 1. **circumtuli**] Translate the perfect by the English present. The Romans were so careful in their use of tenses that they used the perfect or completed present, where we with less accuracy use the simple present. Here Hannibal first looks round and then perceives the ardour of his troops; so Livy writes *circumtuli*, lit. "wherever I have turned my gaze".

l. 9. **inferentis...arcentis**] Notice the Roman preference for the concrete to the abstract. We should say. "there is more spirit in the attack than in the defence".

l. 13. **deditos...adfecturi fuerunt**] The equivalent of *adfecissent, si dediti essent*.

77

l. **14. sua omnia suique arbitrii**] *arbitrii* = possessive genitive, "treats everything as her own and under her own control"; cp. *tutelae nostrae duximus*, § 21(*d*), l. 24.

l. **19. Ne transieris**] An imaginary dialogue. The Roman says, "Do not cross the Ebro; have nothing to do with Saguntum"; to which the Carthaginian objects, "But Saguntum is not on the Ebro". The Roman shifts his ground and says, "Don't move from your tracks!" And the Carthaginian retorts, "Isn't it enough that you are taking away my ancient provinces of Sicily and Sardinia?"

l. **25. Transcendes autem? transcendisse dico**] "'Will cross', do I say? I say that you have already crossed." As a matter of fact, the original Roman plan of sending one consul to invade Africa had been checkmated by Hannibal's rapid movements; and he had been recalled to help Scipio in the defence of the Po valley.

l. **29. vindicarimus**] lit. "shall have claimed". Livy uses the future perfect, because *nihil relictum est* is equivalent in sense to "we shall have nothing left".

§ 23 (e)

l. **5. abruptis**] The nature of the metaphor which Livy is using is not clear. The sense is, "tearing out of your minds, in desperate determination, the expectation of anything but victory or death".

§ 24

l. **7. Gallis parci**] It was part of Hannibal's policy to treat with generosity not only the Gauls but all the Latin and Italian dependents of Rome in order to detach them from her.

l. **13. nihil umquam satis dictum**] "thinking that nothing he had said was adequate, no advice that he had given sufficient".

l. **16. in quorum spem**] "in the hope of which", lit. "with a view to (the realization of) the hope". Cp. *in hanc tam opimam mercedem*, § 23 (*b*), l. 5.

l. **18. immunem**] "free from taxes both in the case of the original receiver of the grant and his children".

l. **20. sociorum**] partitive genitive dependent on *qui*.

l. **27. silicem**] "flint knife".

l. **31. suam quisque**] Notice the association of *quisque* with *suus*. They are almost invariably placed next to each

78

other and *quisque* is put in apposition to the subject or object of the verb, as *captivi domum suam quisque redierunt.* *Quisque* is rarely used otherwise except in such phrases as *optimus quisque* and *decimus quisque.*

l. 32. id morae...rati| Take the words in the following order, *rati id quod* ("only the fact that") *nondum pugnarent morae (esse) ad potienda sperata.* *Morae* is predicative dative.

§ 25

l. 5. procuratis| *procurare* means to do all things necessary to avert the consequences of an evil omen.

l. 14. sese expediebant| "began to deploy for battle". *Expedire* is also used of preparing to fight by discarding *impedimenta*, unslinging shields, etc.

l. 15. sociorumque quod roboris fuit| "the pick of the allies". *Roboris* is partitive genitive after *quod*, *sociorum* partitive genitive after the phrase *quod roboris.*

l. 17. cornua...firmat| Notice that the meaning of *cornua firmare* is to make a strong wing, not to reinforce the wings.

l. 21. pedites| i.e. the *iaculatores*, who had taken refuge with the reserves.

l. 28. erit| "is, as we shall find".

l. 35. cedendo| practically equivalent to *cedentes*; cp. note on *consectando*, § 23 (b), l. 8.

l. 38. obtinuit| intransitive, "the story has gained currency".

§ 26

l. 2. equitatu meliorem| Throughout the war Hannibal retained his superiority in cavalry, whereas he was never able to find any infantry that would be a match for the Roman legionaries on anything like equal terms in a fair field.

l. 5. vasa...colligere| "to collect their goods and chattels", i.e. "to strike camp".

l. 7. ut| Remember that *ut* is very rarely used causally, = "as". Translate, "when"; "the whole bridge of boats floating down stream, when the ends had been cut loose".

l. 19. Ea peritis| "This account would scarcely find credence with those who know this river." *Peritis* is dative.

l. 21. ut| concessive, "even if".

l. 26. ea| sc. *via.*

§ 27

l. 1. **tumultu...maior]** "more remarkable for the uproar it caused than its importance".

l. 5. **quos...adlocutus et spe...accensos]** This awkward linking of a deponent participle in the nominative with a passive participle in the accusative illustrates the inconvenience to which Latin was put through having no ordinary past participle active, such as the Greeks had.

l. 9. **contactos]** "infected", a metaphor from disease, carried on in the phrase *velut iniecta rabie.*

l. 15. **fefellit]** "escaped observation".

l. 20. **emissus...de manibus]** "slipped through their fingers".

l. 24. **vexationem...patiens]** "unable to endure any longer the pain of his wound caused by the jolting on the journey".

l. 25. **revocatum ex Sicilia]** cp. § 8, l. 41. Ti. Sempronius had been sent to Sicily, with orders to cross over to Africa, but only if Scipio was successful in preventing Hannibal from reaching Italy.

§ 28

l. 1. **Iam ambo consules]** Livy, as in § 17, l. 22, *in eos versa peditum acies haud dubium fecit,* has tried to compress two main statements into one; "two consuls and all the strength of Rome were now facing Hannibal and it was clear", lit. "the fact that they were facing him made it clear".

l. 9. **per ambiguum favorem]** "by showing no particular partiality to either side".

l. 11. **ne quid moverent]** The Romans might well be content if the Gauls maintained neutrality, but from Hannibal's point of view, Gauls or Italians who were not on his side were against him. He seems, as the following sentences show, to have blundered in temporarily abandoning his usual policy, plundering the lands of the Gauls and so driving them into the arms of the Romans.

l. 18. **ad id]** "up to that time".

l. 24. **ut]** concessive, "even if".

l. 25. **recentem Boiorum perfidiam]** See note on *caeso victo circumsesso a Gallis,* § 23(c), l. 12.

l. 27. **primos...defensos]** Here we should use an abstract noun, "thinking that the defence of those who first needed help would be...".

l. 31. **ad hoc]** "in addition".

§ 29

l. **1. iustior**] "more complete".

l. **8. Quid...differri**] a rhetorical question; therefore the verb is in the infinitive, not in the subjunctive. Cp. note on § **14**, l. **35**.

l. **12. cis Hiberum Hispaniam**] "Spain north of (*cis* = on the Roman side of) the Ebro". Before the war broke out, all Spain north of the Ebro was regarded as Roman, all land south of the Ebro, Saguntum excepted, as Carthaginian.

l. **18. Poenum**] Bring out the contrast by inserting "but".

l. **21. contionabundus**] "as if he were addressing a public meeting". The whole passage illustrates the futility of the Roman practice of dividing the supreme command between two annual consuls with equal powers. If they were both present in the field, as on the Trebia and at Cannae, the two might hold entirely different views as to the right policy to pursue, with disastrous results. At the same time the fact that he held office only for a year might tempt an ambitious man like Sempronius to hurry into premature action, in the hope of winning personal glory by a victory before his term of command came to an end.

§ 30

l. **3. cum alterius ingenium**] Bring out the contrast by inserting "but" before *cum*.

l. **12. segnius**] Supply *tanto* to correspond with *quanto*.

l. **14. cessaretur**] *cessare* does not mean "to cease", but "to slacken off, be backward in doing anything".

l. **20. ferme**] "generally".

l. **22. quoque**] i.e. "as well as infantry".

l. **27. praetorium missum**] "the council of war was dismissed", the simple verb used for the compound, *dimissum*; cp. *ferebantur* for *offerebantur*, § 6, l. 6.

l. **30. turmis**, of cavalry, **manipulis**, of infantry. Livy uses Roman terms of the divisions of the Carthaginian army.

l. **37. iniecto...certamine**] "after starting the fight".

§ 31

l. **1. ad tumultum**] *ad* = "upon", i.e. "on receiving news of the fighting".

l. **2. ferox ea parte virium**] *ferox* does not mean

81

"fierce" in the sense of "savage", but "high spirited". The phrase here practically means "as he was proud of this part of his force".

l. 3. a destinato...consilio] *a* = "as a result of".

l. 7. Ad hoc] "Besides".

l. 10. quidquid] adverbial; the meaning is the same as if Livy had written *quanto propius adpropinquabant, tanto acrior....*

l. 14. tum utique egressis] "then, or at least when they came out".

l. 15. potentia] Parse the word carefully.

l. 22. Baliares] They had a great reputation as slingers; they were stationed in front to harass the enemy's forces at a distance and would be withdrawn before the clash of the heavier troops took place.

l. 24. quod virium, quod roboris erat] *robur*, in contrast with *vires*, suggests power of endurance.

l. 25. ab cornibus] "*on* the flanks", as in the phrases *a tergo, a fronte*.

l. 27. equites...circumdedit peditibus] "placed the cavalry on both sides of the infantry". Remember the two constructions of *circumdare*, (1) *urbi murum circumdare*, (2) *urbem muro circumdare*.

§ 32

l. 7. velut nube] Drop *velut* in translation. "A cloud of javelins" is an easy metaphor for us, but a Roman writer, in using it, feels bound to apologize by inserting *velut*, = "a cloud, as it seemed, of javelins".

l. 8. eminentes ab extremis cornibus] They were posted on the extreme flanks, but projecting a little in advance of the alignment of the rest of the front line.

l. 11. animis] "by pure force of determination".

l. 17. iam] "by this time", i.e. after routing the Roman cavalry on the flanks.

§ 33

l. 3. in orbem] "forming a circle", a purely defensive formation, the men facing in all directions, like the square used in the Napoleonic wars for defence against cavalry.

l. 8. qua...ferrent] "where they could help their fellows"; the phrase is an indirect form of the deliberative question which they asked themselves; *qua nostris opem feramus?*

l. **16. ingrediendi flumen**] Livy's sense of locality, as well as of detail, is weak, and it is impossible from his description to decide the question on which bank of the river Trebia the battle took place. This sentence suggests that the battle was fought on the west side and that the camp of the Romans was on the east side; for the defeated troops crossed the river to get to the camp. But, lower down, the sentence *cum praesidium castrorum...Trebiam traicerent* suggests that the battle was fought on the east side and that the camp was on the west.

Though Livy's account is slightly more favourable to the Romans than that of Polybius, the contrast between the lack of generalship on their side and the skill of Hannibal is sufficiently obvious. The Romans appear to have entered the fight without preparation or plan, as if the only thing to be done in a battle is to get to blows, and to have made the mistake of despising their enemy. Hannibal shows his greatness, not only by his carefully planned tactics, but also by his care for his men before the battle. Above all, we get the impression of a general's hand controlling every phase of the battle; officers and men know what they have to do, and each portion of the force, after attaining its first objective, knows what its next task is, and, like Oliver Cromwell's Ironsides at Marston Moor and Naseby, has sufficient control and discipline to go steadily on to its accomplishment.

§ 34

l. **2. ad urbem Romanam...hostem venturum**] But Hannibal had neither the troops nor the appliances to attack or besiege Rome; indeed, his plans were quite different, as he showed after his second victory at Lake Trasimene, when he swerved past Rome to the south of Italy.

l. **13. comitiis consularibus habitis**] One of the two consuls had to be present in Rome to hold the consular elections for the next year.

l. **17. ut quaeque**] "wherever the ground was too difficult for them".

l. **28. quadrato agmine**] See note on § 15, l. 42.

l. **41. agmina...acies**] "troops in marching formation ...in battle array".

l. **48. Neque ulla...clades**] The cruel treatment of these people was in direct contrast with Hannibal's usual policy; see note on § 24, l. 7.

§ 35

l. 3. ducit] sc. *exercitum*.

l. 9. aut contra enitentes] "or if they struggled to face it they were whirled round by the gusts and hurled to the ground".

l. 10. spiritum includeret] "made it hard to breathe", lit. "shut in their breath".

l. 14. capti auribus et oculis] "deafened and blinded". The ablatives are used of the part affected, as usual in prose. In § 3, l. 29: *adversum femur ictus*, Livy uses the more poetical construction of the accusative.

l. 18. explicare...statuere] "unfold...raise (a tent)".

l. 21. aqua] "moisture".

l. 29. movere ac recipere] Understand *coeperunt* from *coeptus est*.

§ 36

l. 1. ad Placentiam] "to the neighbourhood of Placentia".

l. 13. recepit] "withdrew".

l. 18. recessum] sc. *esse*, impersonal use of the passive.

l. 25. sicut...ita] "although...yet".

l. 28. maior...quam pro numero] See note on § 13, l. 6.

VOCABULARY

ABBREVIATIONS

abeo (eo), *go away*

abhorreo, 2, *differ*

ablegnus, adj. *of fir*

abnuo, 3, -nui, -nuitum or -nūtum, *deny*

abrumpo, 3, -rūpi, -ruptum, *break off, discard*

absūmo, 3, -sumpsi, -sumptum, *destroy, finish*

accēdo, 3, -cessi, -cessum, *come, approach*

accendo, 3, -cendi, -censum, *kindle, fire, arouse, increase*

accerso, 3, -īvi, -itum, *court, woo*

accio, 4, -cīvi, -cītum, *summon, invite*

accola, c. *inhabitant, settler, dweller by*

ācer, ācris, ācre, adj. *keen, sharp, fierce*

acerbitās, -ātis, f. *bitterness, rigour*

acerbus, adj. *bitter, cruel*

acētum, -i, n. *vinegar*

actuāria nāvis, f. *light rowing boat*

adeo (eo), *approach*

adeo, adv. *so, so much*

adfectus, adj. *drooping*; adfectus animō, *disposed*

adfero (fero), *bring*

adficio (facio), *dispose, treat*

adfīgo, 3, -fixi, -fixum, *affix to*

adfirmo, 1, *state, promise*

adflīgo, 3, -flixi, -flictum, *dash, throw down*

adflo, 1, *blow on* or *against*

adhibeo, 2, *apply*

adhortātio, -ōnis, f. *exhortation*

adhortor, 1, dep. *encourage*

adhūc, adv. *thus far*

adicio, 3, -iēci,- iectum, *add*

adigo, 3, -ēgi, -actum, *bind with oath*

adimo, 3, -ēmi, -emptum, *take away*

adiungo, 3, -iunxi, -iunctum, *attach, join*

adiuvo, 1, -iūvi, -iūtum, *help, assist*

adminiculum, -i, n. *prop, support*

admodum; adv. *fairly, pretty well*

admoveo, 2, -mōvi, -mōtum, *move up to*

adnecto, 3, -nexui, -nexum, *attach, join*

adnītor, 3, -nīsus or -nixus, dep. *make an extra effort*

adorior, 4, -ortus, dep. intr. *arise*; tr. *attack*

adōro, 1, *implore, entreat, worship*

adpropinquo, 1, *approach*
adsequor, 3, -secūtus, dep.
  catch up, *overtake*
adsideo, 2, -sēdi, -sessum,
  sit by the side
adsigno, 1, *assign*
adsuētus, adj. *accustomed*
adsurgo, 3, -surrexi, -sur-
  rectum, *rise up*
advena, c. *immigrant*
adventus, -ūs, m. *arrival*
adversō flūmine, *against the
  stream*
adversus, adj. *opposite, in
  front*
adversus, prep. *against*
advoco, 1, *call together*
aegrē, adv. *with difficulty*;
  aegrē fero, patior, *resent,
  am annoyed at*
aemulus, adj. *rival*
aequē, adv. *equally*
aequus, adj. *smooth, level,
  fair*; **aequō animō**, *with
  equanimity*
aestimo, 1, *value, rate*
afficio, see **adficio**
aggredior, 3, -gressus, dep.
  attack
agitedum, *come then*
agito, 1, *wonder, debate,
  driveon,exert,drive frantic*
agnus, -i, m. *lamb*
ago, 3, ēgi, actum, *treat,
  spend, drive, dispute, deal,
  confer*
agrestis, adj. *rural, rustic*
āla, -ae, f. *squadron of
  cavalry*
alibī, adv. *at another point*
aliēnus, adj. *another's*
aliquamdiū, adv. *for some
  time*
aliquando, adv. *at last*
aliquantō, adv. *considerably*
aliquantum, -i, n. *some,
  considerable*
aliquis pr. *someone*

aliquot, indecl. adj. *several*
aliter, adv. *otherwise*
alo, 3, alui, altum and ali-
  tum, *feed, support*
altāria, n. plur. *altar*
altitūdo, -inis, f. *height*
alumnus, -i, m. *foster-son*
alveus, -i, m. *channel, trough*
ambigo, 3, *dispute*
ambitus, -ūs, m. *détour*
āmitto, 3, -mīsi, -missum,
  lose
amplector, 3, -plexus, dep.
  embrace
amplius, comp. adv. *more*
amplus, adj. *large, great*
anceps,-cipitis,adj.*doubtful,
  dangerous, double, twofold*
anfractus, -ūs, m. *winding,
  zig-zag*
angulus, -i, m. *angle*
angustiae, -ārum, f. plur. *defile, narrows*
angustus, adj. *narrow*
anima, -ae, f. *breath*
animadversio, -ōnis, f. *in-
  quiry*
animadverto, 3, -verti, -ver-
  sum, *notice, find*
animans, adj. *living*
annāles,-ium,m.plur.*annals*
apis, -is, f. *bee*
apparātus, -ūs, m. *preparation*
appāreo, 2, *appear*
appello, 1, *surname, call*
applico, 1, -āvi (-ui), -ātum
  (-itum), *attach*
aprīcus, adj. *sunny*
apto, 1, *equip*
arbiter,-ri, m.*judge, umpire,
  disposer*
arbitrium, -ii, n. *authority,
  judgment*
arceo, 2, arcui, arctum,
  keep off, ward off
ardeo, 2, arsi, arsum, *glow,
  blaze*

86

ariēs, -etis, m. *battering-ram*
armātūra, -ae, f. *armour*;
    levis armātūra, *light-armed troops*
arrectus, adj. *straight, precipitous*
arripio, 3, -ripui, -reptum, *seize*
artus, adj. *narrow*
ascensus, -ūs, m. *ascent*
asper, adj. *harsh*
aspernor, 1, -ātus, dep. *reject, repulse*
at enim, conj. *but someone will say*
atrox, -ōcis, adj. *fierce*
auctor, -ōris, m. *guarantor*
augeo, 2, auxi, auctum, *increase, swell*
aura, -ae, f. *atmosphere*
auris, -is, f. *ear*
auspicium, -i, n. *auspice*
avārus, adj. *greedy*
āverto, 3, -verti, -versum, *turn back, draw away*
aviditās, -ātis, f. *greed*

ballista, -ae, f. *engine*
belligero, 1, *carry on war*
bello, 1, *war*
bēlua, -ae, f. *beast*
bīduum, -i, n. *two days*
bīnī, adj. *two apiece*
blandior, 4, -ītus, dep. *coax, wheedle*
brevī (tempore), adv. *shortly*
brūma, -ae, f. *winter*

cacūmen, -inis, n. *peak, top*
caementum, -i, n. *rubble*
caetra, -ae, f. *buckler, short Spanish shield of leather*
calor, -ōris, m. *heat, warmth*
calx, calcis, f. *mortar*
campester, -tris, -tre, adj. *level, of level ground*
cantus, -ūs, m. *singing*

capesso, 3, -īvi, -ītum, *undertake, incur*
capio, 3, cēpi, captum, *take*
captus, adj. *deprived of one's powers*
castellum, -i, n. *stronghold, fort, fastness*
castīgo, 1, *chide*
cauda, -ae, f. *tail*
caveo, 2, cāvi, cautum, *take precautions, protect* (with dative)
cavo, 1, *hollow out*
cēdo, 3, cessi, cessum, *retreat*
celeritās, -ātis, f. *speed*
cēlox, -ōcis, m. *swift cruiser*
censeo, 2, censui, censum, *think*
centēnī, adj. *a hundred each*
cerno, 3, crēvi, crētum, *see, distinguish*
certāmen, -inis, n. *contest, struggle*
certē, adv. *at any rate*
certo, 1, *fight, strive*
certus, adj. *definite, fixed*
cesso, 1, *slacken, cease, am inactive*
cēterum, adv. *but, for the rest, however*
***cēterus**, adj. *other, the rest*
cibus, -i, m. *food*
cieo, 2, cīvi, citum, *stir, rouse, stir up*
circumdo, 1, -dedi, -datum, *place round*
circumfero, -ferre, -tuli, -lā-tum, *turn round*
circumfundo, 3, -fūdi, -fū-sum, *pour round, place round*
circumicio, 3, -iēci, -iectum, *cast around*; (passive) *lie around*
circumligo, 1, *bind round*
circumpadānus, adj. *round the Po (Padus)*

circumscribo, 3, -scripsi, -scriptum, *hem in*
circumsedeo, 2, -sēdi, -sessum, *surround, besiege, beset*
circumspecto, 1, *look round, look round upon*
circumspicio, 3, -spexi, -spectum, *look round*
circumsto, 1, -steti, *surround*
circumvehor, 3, -vectus, dep. *ride round*
circumvenio, 4, -vēni, -ventum, *circumvent, outwit*
cis, citrā, prep. with acc. *on this side of*
citerior, comp. adj. *nearer*
citius, comp. adv. *more quickly*
civitās, -ātis, f. *state*
clādēs, -is, f. *disaster, loss, destruction*
clārus, adj. *notable, famous*
claudus, adj. *lame*
clementia, -ae, f. *clemency*
clivus, -i, m. *slope*
coeptum, -i, n. *undertaking, attempt, movement*
coerceo, 2, -ercui, -ercitum, *check, confine*
coetus, -ūs, m. *combination*
colligo, 3, -lēgi, -lectum, *gain, win*
colloquium, -i, n. *conference*
colloquor, 3, -locūtus, dep. *confer*
colo, 3, colui, cultum, *cultivate, keep*
columna, -ae, f. *column, pillar*
comitium, -i, n. *place of assembly*; (plur.) *election*
commeātus, -ūs, m. *supply, provisions, furlough*
comminus, adv. *hand to hand*
committo, 3, -misi, -missum, *begin (war)*

commūnio, 4, *entrench, fortify*
commūnis, adj. *general, shared by all*
comparo, 1, *prepare, compare*
compello, 3, -puli, -pulsum, *drive*
comperio, 4, -peri, -pertum, *learn, find*
compōno, 3, -posui, -positum, *arrange, draw up*
cōnātus, -ūs, m. *beginning, measures*
concēdo, 3, -cessi, -cessum, *retire*
concieo, 2, -civi, -citum, *rouse*
concilio, 1, *win, win over*
concilium, -i, n. *council, meeting*
concipio, 3, -cēpi, -ceptum, *fan*
concremo, 1, *burn*
concresco, 3, -crēvi, -crētum, *congeal*
concrētus, adj. *deeply frozen*
concurso, 1, *run to the attack*
confero, -ferre, -tuli, -lātum, *collect, compare*; **arma**, *meet in arms*
confertim, adv. *closely, in a crowded* or *packed mass*
confertus, adj. *crowded, compact, rallying*
confessio, -ōnis, f. *confession*
conficio, 3, -fēci, -fectum, *finish, accomplish*
confluo, 3, -fluxi, *flow together*
confragōsus, adj. *rocky*
congero, 3, -gessi, -gestum, *heap up, pile up, collect*
congredior, 3, -gressus, dep. *meet*
congrego, 1, *collect*
congressus, -ūs, m. *meeting*
conicio, 3, -iēci, -iectum, *throw*
coniecto, 1, *guess*

88

cōnītor, 3, -nīsus or **-nixus,** dep. *struggle*

conlēga, -ae, m. *colleague*

conquīsītor, -ōris, m. *recruiting officer*

consector, 1, dep. *chase*

consero, 3, -serui, -sertum, *begin*; **manūs,** *join battle*

consisto, 3, -stiti, *halt*

conspicio, 3, -spexi, -spectum, *see*

constat, 1, imp. *it is agreed*

consterno, 1, *exasperate, dismay, drive in dismay*

consterno, 3, -strāvi, -strātum, *cover*

consulāris, adj. *consular*

consūmo, 3, -sumpsi, -sumptum, *spend*

contemptus, -ūs, m. *contempt*

continens, adj. *continuous, connected*

contineo, 2, -tinui, -tentum, *hold in check*

contingo, 3, -tigi, -tactum, *touch, contaminate, infect*

contio, -ōnis, f. *meeting (of soldiers)*

contionābundus, adj. *haranguing*

contraho, 3, -traxi, -tractum, *collect, assemble, undergo*

contundo, 3, -tudi, -tūsum, *bruise*

converto, 3, -verti, -versum, *turn, attract, win, draw the attention of*

coorior, 4, -ortus, dep. *arise, break out*

cōpia, -ae, f. *plenty*

cōpulo, 1, *join*

corrumpo, 3, -rūpi, -ruptum, *ruin, spoil, bribe*

corruo, 3, -rui, *collapse*

cruciātus, -ūs, m. *torture*

cruentus, adj. *bloody*

culpa, -ae, f. *blame, fault*

cultor, -ōris, m. *inhabitant*

cultus, -ūs, m. *habitation, comfort*

cum...tum, conj. *both...and*

cunctanter, adv. *with hesitation*

cunctātio, -ōnis, f. *delay*

cunctor, 1, dep. *delay*

cūro, 1, *care, care for, attend to*

custōdia, -ae. f. *guard, guarding, protection, watch*

cutis, -is, f. *skin*

damnum, -i, n. *loss*

dēbilis, adj. *feeble*

dēbilito, 1, *enfeeble*

dēcerno, 3, -crēvi, -crētum, *decree, decide, fight*

decet, 2, imp. *it is right*

dēclīno, 1, *turn*

dēcurro, 3, -curri, -cursum, *run down*

decus, -oris, n. *glory, honour, distinction, glorious deed*

dēditio, -ōnis, f. *surrender*

dēdo, 3, -didi, -ditum, *surrender*

dēdūco, 3, -duxi, -ductum, *launch, establish (colony)*

dēfectio, -ōnis, f. *revolt*

dēfendo, 3, -fendi, -fensum, *plead in defence*

dēfensor, -ōris, m. *defender*

dēfero, -ferre, -tuli, -lātum, *carry down*

dēficio (facio), *revolt, faint*

dēfīgo, 3, -fixi, -fixum, *fix, pin down, strike down*

dēflecto, 3, -flexi, -flexum, *turn aside*

dēicio, 3, -iēci, -iectum, *throw off*

deinceps, adv. *in turn, in succession*

dēlectus, adj. *chosen*

dēlēgo, 1, *attribute, assign*

dēleo, 2, -lēvi, -lētum, *destroy*
dēminuo, 3, -minui, -minūtum, *lessen, diminish*
dēmitto, 3, -mīsi, -missum, *let down*
dēmo, 3, dempsi, demptum, *take away*
dēpopulor, 1, dep. *devastate, ravage*
dēposco,3,-poposci,*demand, call for*
dēprehendo, 3, -prehendi, -prehensum, *catch*
dērigo, 3, -rexi, -rectum, *draw up*
dēruptus, adj. *sheer, steep*
dēsertor, -ōris, m. *deserter*
dēses,-sidis, adj.*torpid,slack*
dēsīderium, -i, n. *desire*
dēsīdero, 1, *want, need*
dēsilio, 4, -silui, -sultum, *dismount*
dēspēro, 1, *despair*
dēstinātus, adj. *fixed, implanted*
dēstino, 1, *determine, fix*
dēstituo, 3, -stitui, -stitūtum, *desert, leave*
dēsum, -esse, -fui, *miss, am lacking*
dētracto, 1, *decline, avoid*
dētrunco, 1, *lop off branches*
dēverto, 3, -verti, -versum, *turn aside*
dēvius, adj. *trackless*
dēvolvo, 3, -volvi, -volūtum, *roll down*
dextra, -ae, f. *right hand*
dicio, -ōnis, f.*sway,dominion*
dictito, 1, *declare repeatedly*
dīdūco, 3, -duxi, -ductum, *withdraw, draw off*
dies, diēi, m. and f. *day*; **in dies,** *daily*
differo, differre, distuli, dīlātum, *postpone, protract*

diffīdo, 3, diffīsus, semi-dep. *distrust, lack confidence*
dīgredior, 3, -gressus, dep. *disperse, go away*
dīlābor, 3, -lapsus, dep. *disperse, melt away*
dīlātio, -ōnis, f. *delay, postponement*
dīlectus, -ūs, m. *levy*
dīmicātio, -ōnis, f. *struggle, contest*
dīmico, 1, *fight*
dīmidium, -i, n. *half*
dīrimo, 3, -rēmi, -remptum, *part, break off*
dīripio, 3, -ripui, -reptum, *plunder, sack*
dīruo, 3, -rui, -rutum, *destroy*
disceptātio, -ōnis, f. *dispute, settlement of dispute*
discerno, 3, -crēvi, -crētum, *distinguish*
discors, -cordis, adj. *quarrelsome, torn by strife*
discrimen, -inis, n. *distinction, risk, crisis*
discrimino,1,*separate, mark off*
discutio, 3, -cussi, -cussum, *shatter*
dispōno, 3, -posui, -positum, *place at intervals*
dissentio, 4, -sensi, -sensum, *disagree*
dissimulo, 1, *pretend not to*
dissonus, adj. *discordant*
distineo, 2, -tinui, -tentum, *distract*
dīversus, adj. *opposite*
dolabra, -ae, f. *pickaxe*
dolor, -ōris, m. *pain, resentment*
domesticus, adj. *family, domestic*
domitor, -ōris, m. *subjugator*
domo, 1, domui, domitum, *tame, overcome*

dōno, 1, *decorate, reward*
dūco, 3, duxi, ductum, *lead, deem, consider*
dummodo, conj. *provided that*
duodēvīcēnī, adj. *eighteen apiece*
dūro, 1, *harden, solidify*
dux, ducis, m. *leader, guide*

eā, adv. *by that way*
ecquis, indef. interr. pronoun, *whether anyone*
ēdīco, 3, -dixi, -dictum, *announce*
ēditus, adj. *high*
ēdo, 3, -didi, -ditum, *cause, put up (a fight), do, perpetrate, produce*; passive, *take place*
ēdoceo, 2, -docui, -doctum, *inform, teach*
ēduco, 1, *bring up*
effectus, -ūs, m. *execution, accomplishment*
effero, 1, *brutalise*
effero, efferre, extuli, ēlātum, *carry out, carry up, exalt, lift*; passive, *am elated*
efficio, 3, effēci, effectum, *bring to pass*
effigiēs, -ēi, f. *semblance*
effugium, -i, n. *escape*
effundo, 3, effūdi, effūsum, *shake out, loosen*
effūsē, adv. *in confusion*
effūsus, adj. *widespread*
egeo, 2, *lack*
ēgregius, adj. *signal, splendid*
ēlicio, 3, -licui and -lexi, -licitum, *entice, lure*
ēlīdo, 3, -līsi, -līsum, *smash, shatter*
ēligo, 3, -lēgi, -lectum, *pick*
ēmeritīs stīpendiīs, *when wages have been earned (i.e. when a campaign is ended)*

ēmētior, 4, -mensus, dep. *measure off*
ēmineo, 2, *stand out, am clear*
ēminus, adv. *at long range*
ēmolumentum, -i, n. *reward*
emporium, -i, n. *magazine*
ēmūnio, 4, *build up*
ēneco, 1, *waste, destroy*
ēnītor, 3, -nīsus or -nixus, dep. *struggle*
eō, adv. *thither*
eōdem, adv. *to the same place*
eques, -itis, m. *cavalryman, horse-soldier*
equidem, adv. *indeed*
ērigo, 3, -rexi, -rectum, *lift up, cause to climb*
ēripio, 3, -ripui, -reptum, *wrest from*
error, -ōris, m. *wandering, roundabout route*
ērumpo, 3, -rūpi, -ruptum, *sally out*
ēruptio, -ōnis, f. *sally*
ēvādo, 3, -vāsi, -vāsum, intr. *come out*; tr. *pass*
ēvenio, 4, -vēni, -ventum, *fall by lot, result*
ēventus, -ūs, m. *result, outcome*
ēvoco, 1, *call out*
exāmen, -inis, n. *swarm*
excēdo, 3, -cessi, -cessum, *depart*
excellens, adj. *superior, outstanding*
excidium, -i, n. *destruction*
excīdo, 3, -cīdi, -cīsum, *fall overboard*
excieo, 2, -cīvi, -citum, *rouse, enlist*
excipio, 3, -cēpi, -ceptum, *exclude, except, check, await*
exemplum, -i, n. *example, case, species*
exerceo, 2, *exercise*

91

exhaurio, 4, -hausi, -haustum, *drain, endure*
exigo, 3, -ēgi, -actum, *exact*
exiguus, adj. *slight, small*
existimo, 1, *think*
exordior, 4, -orsus, dep. *begin*
exortus, -ūs, m. *rising*
expedio, 4, *free, disencumber, make ready*
experior, 4, -pertus, dep. *experience*
expertus, adj. *tried, tried out*
explico, 1, -āvi and -ui, -ātum and -itum, *spread out, unfold*
explōro, 1, *explore*
expōno, 3, -posui, -positum, *land*
expostulo, 1, *expostulate*
exprimo, 3, -pressi, -pressum, *extort*
exsequor, 3, -secūtus, dep. *follow up, execute*
exsto, 1, -stiti, *project*
exsulto, 1, *leap*
extemplō, adv. *instantly, immediately*
extendo, 3, -tendi, -tensum, *prolong*
extentus, adj. *extensive, open*
externus, adj. *from outside*
exuo, 3, -ui, -ūtum, *strip*

fabrico, 1, *build*
facilitās, -ātis, f. *ease*
facinus, -oris, n. *deed, act*
facio, 3, fēci, factum, *make, do, consider, reckon*
fāma, -ae, f. *rumour*
fateor, 2, fassus, dep. *confess, admit*
fatigo, 1, *tire, exhaust*
faucēs, -ium, f. plur. *pass, defile*
femur, -oris, n. *thigh*
ferē, adv. *about, nearly*
ferio, 4, *batter, beat, strike*
fermē, adv. *almost, mostly*

fero, ferre, tuli, lātum, *bear, bring, offer, say*
fessus, adj. *tired*
festino, 1, *hasten*
fidēs, -ēi, f. *faith, proof*
fingo, 3, finxi, fictum, *fancy, imagine*
finio, 4, *determine*
finitimus, adj. *neighbouring*
firmo, 1, *strengthen*
flecto, 3, flexi, flexum, *bend*
fodio, 3, fōdi, fossum, *dig, prod, probe*
foeditās, -ātis, f. *awfulness, horror*
foedus, adj. *horrid*
forsitan, adv. *perhaps*
fortūna, -ae, f. *fortune, fortunate chance*
fragor, -ōris, m. *crash*
fremo, 3, fremui, fremitum, *murmur, rage*
frēnātus, adj. *bridled*
frequens, -tis, adj. *thick*
frequento, 1, *throng, fill*
frīgus, -oris, n. *cold*
frons, -tis, f. *front*
fructus, -ūs, m. *profit, produce*
fulgor, -ōris, m. *glory, flash*
fūmus, -i, m. *smoke*
funditus, adv. *utterly*
fundo, 3, fūdi, fūsum, *rout*
furiōsus, adj. *crazy*
furtum, -i, n. *theft, stealthy raid*

generōsus, adj. *noble*
genū, -ūs, n. *knee*
gigno, 3, genui, genitum, *produce*; passive, *am born*
glaciēs, -ēi, f. *ice*
glāreōsus, adj. *gravelly*
grando, -inis, f. *hail*
grātia, -ae, f. *favour, goodwill*
grātulor, 1, dep. *congratulate*
gravātē, adv. *grudgingly, unwillingly*

graviter, adv. *heavily, severely, violently*
gravius, comp. adv. *with considerable vigour, vigorously*
gravo, 1, *annoy, upset*
gurges, -itis, m. *pool, whirlpool, deep water*

habeo, 2, *treat, consider*
habilis, adj. *adaptable*
habitus, -ūs, m. *expression, cast, attitude, feeling*
hastile, -is, n. *shaft*
haudquāquam, adv. *by no means*
hībernus, adj. *of winter, winter*; **hīberna**, n. plur. *winter-quarters*
hinc...hinc, adv. *on one side ...on the other*
horrendus, adj. *terrifying*
horreo, 2, *dread, shrink from*
horreum, -i, n. *granary*
hortātor, -ōris, m. *supporter*
hortor, 1, dep. *encourage*
hospes, -itis, m. *friend*
hospitium, -i, n. *friendship*

iaceo, 2, *lie*
iactātio, -ōnis, f. *tossing*
iacto, 1, *throw, jolt*
iactūra, -ae, f. *loss*
iaculātor, -ōris, m. *javelin-thrower*
iaculo, 1, *throw (a javelin)*
iam inde, adv. *already then*
ictus, -ūs, m. *blow*
ictus, participle, *wounded, struck*; **ictum est (foedus)**, *made*
identidem, adv. *constantly*
iēiūnus, adj. *fasting, hungry*
ignis, -is, m. *fire, lightning*
ignōminia, -ae, f. *disgrace*
ignōro, 1, *am ignorant of*
ignōtus, adj. *unknown*
illuviēs, -ēi, f. *filth*
imbellis, adj. *unwarlike*

imbuo, 3, -bui, -būtum, *fill, imbue*
immānis, adj. *huge*
immineo, 2, *overhang*
immisceo, 2, -miscui, -mixtum, *mingle with*
immitto, 3, -mīsi, -missum, *admit*
immō, adv. *nay*
immōbilis, adj. *motionless*
immūnis, adj. *free of taxes*
impavidus, adj. *dauntless*
impedio, 4, *entangle, confuse*
impedītus, adj. *difficult*
imperito, 1, *domineer over, rule*
impertio, 4, *impart, do a kindness*
impiger, -gri, adj. *energetic*
impigrē, adv. *vigorously, actively*
impōno, 3, -posui, -positum, *place upon, embark, impose*
imprōvidus, adj. *unawares*
imprōvīsus, adj. *unexpected, without noticing*
inanimus, adj. *inanimate*
incautus, adj. *incautious, unawares*
incendium, -i, n. *fire*
incertus, adj. *uncertain, bewildered*
incessus, -ūs, m. *walking, tread, advance*
inchoo, 1, *begin*
incido, 3, -cidi, -cāsum, *fall in with*
incito, 1, *spur on, exhort*
inclitus, adj. *famous*
inclūdo, 3, -clūsi, -clūsum, *shut in, stop*
incolumis, adj. *safe*
incompositus, adj. *disorganised*
inconditus, adj. *undisciplined*
incrēmentum, -i, n. *growth, increase*

93

incruentus, adj. *bloodless*
incubo, 1, -cubui, -cubitum,
lie upon
incultus, adj. *uncultivated,
uncouth, unkempt*
indīco, 3, -dixi, -dictum,
declare
indigena, -ae, f. *native*
indignē, adv. *undeservedly*
indignitās, -ātis, f. *insult*
indignor, 1, dep. *am in-
dignant*
indo, 3, -didi, -ditum, *give
(name)*
indoles, -is, f. *nature, natural
endowment*
indūco, 3, -duxi, -ductum,
lead on, induce
industriā(dē),adv.*onpurpose*
ineo, -ii, -itum, *begin*
inermis, adj. *unarmed*
inexpertus, adj. *inexperi-
enced*
inexsuperābilis, adj. *impassable, unsurmountable*
infāmis, adj. *notorious*
infero, -ferre, -tuli, illātum,
carry into; bellum, vim,
arma, *attack, am the as-
sailant*
infestus, adj. *hostile, endangered*
infīdus, adj. *treacherous, dis-
loyal*
informis, adj. *shapeless*
infrēnātus, adj. *unbridled*
infundo, 3, -fūdi, -fūsum,
pour over
ingemisco, 3, -gemui, -gemi-
tum, *groan*
ingenium, -i, n. *nature*
ingredior, 3, -gressus, dep.
enter, walk on
inhūmānus, adj. *inhuman*
inicio, 3, -iēci, -iectum,
throw on, start, inspire
iniquitās, -ātis, f. *uneven-
ness, difficulty*

initium, -i, n. *beginning*
iniūria, -ae, f. *injury*; in-
iūriā, abl. *unjustly*
inno, 1, *float in*
inopia, -ae, f. *want, scarcity*
inopīnatō, adv. *unexpectedly*
inops, -opis, adj. *helpless*
inrito, 1, *rouse, inspire*
inscius, adj. *ignorant*
insectātio, -ōnis, f. *pursuit*
insideo, 2, -sēdi, -sessum,
sit on, hold
insidiae, -ārum, f. plur. *ambush, deception*
insimulo, 1, *accuse*
insisto, 3, -stiti, *step upon*
insterno, 3, -strāvi, -strā-
tum, *spread over*
instituo, 3,-stitui,-stitūtum,
begin, determine
instrūmentum, -i, n. *in-
strument*
insuper, adv. *in addition,
above*
insuperābilis, adj.*impassable*
intactus, adj. *untouched*
integer, -gri, adj. *fresh,
whole*; dē integrō, *afresh*
intendo, 3, -tendi, -tensum,
continue (journey)
intentus, adj. *intent, alert*
intercido, 3, -cidi, -cāsum,
fall between
intercipio, 3, -cēpi, -ceptum,
cut off, capture
interclūdo,3,-clūsi,-clūsum,
shut off
intercurso, 1, *attack, in-
tervene*
intercursus, -ūs, m. *inter-
vention*
interdiū, adv. *by day*
interdum, adv. *from time to
time*
interiaceo, 2, -iacui, -iec-
tum, *lie between*
interiectus, adj. *lying between*

interim, adv. *meanwhile*
interimo, 3, -ēmi, -emptum, *destroy*
interlino, 3, -lēvi, -litum, *smear between, fill in*
intermisceo, 2, -miscui, -mixtum, *intermingle*
interpres, -pretis, m. *negotiator, interpreter*
interrumpo, 3, -rūpi, -ruptum, *break in two*
intolerandus, adj. *intolerable*
intonsus, adj. *shaggy*
intorqueo, 2, -torsi, -tortum, *turn* or *twist round*
intueor, 2, dep. *behold, watch, look to*
invādo, 3, -vāsi, -vāsum, *invade, enter*
inviolātus, adj. *unharmed*
invīto, 1, *invite*
invius, adj. *impassable, pathless*
iugum, -i, n. *range, ridge*
iūmentum, -i, n. *beast of burden*
ius iūrandum, iūris iūrandi, n. *oath*
iustus, adj. *regular, proper*
iuvat, imp. *it pleases*
iuxtā, adv. *alike*

lābor, 3, lapsus, dep. *slip, fall*
labōro, 1, *am in trouble, suffer*
lacesso, 3, -cessīvi, -cessītum, *attack, provoke*
laetitia, -ae, f. *joy*
laevus, adj. *left*
lanio, 1, *mangle*
lapsus, -ūs, m. *slip, fall*
lassitūdo, -inis, f. *fatigue*
lātē, adv. *widely*
latebrōsus, adj. *providing cover*
lātrōcinium, -i, n. *brigandage*
laxo, 1, *relax*

lēgātio, -ōnis, f. *embassy*
lēnis, adj. *mild*
lēvis, adj. *smooth*
levo, 1, *lighten, relieve, lift*
libīdo, -inis, f. *lust*
lībo, 1, *impair, harm*
licet, imp. *it is lawful, proper, possible, open*
Ligur, adj. *Ligurian*
lineāmentum, -i, n. *feature*
lingua, -ae, f. *tongue*
lino, 3, lēvi, litum, *smear*
linter, -tris, f. *boat*
liquesco, 3, licui, *melt*
longē, adv. *far*
longinquitās, -ātis, f. *distance*
lōra, n. plur. *halter*
lubricus, adj. *slippery*
luctātio, -ōnis, f. *struggle*
lupus, -i, m. *wolf*
lutum, -i, n. *mud*

macto, 1, *slay*
maereo, 2, *grieve*
maeror, -ōris, m. *grief*
magnificē, adv. *in exaggerated style*
magnopere, adv. *greatly*
mancipium, -i, n. *slave*
mando, 1, *intrust, instruct*
manipulus, -i, m. *maniple*
māno, 1, *spread, trickle*
maritimus, adj. *of the sea, maritime*
māteria, -ae, f. *wood*
maximē, superl. adv. *chiefly*
mediterrāneus, adj. *inland*
memorābilis, adj. *worth noting*
memoro, 1, *state*
merces, -cēdis, f. *wage, pay*
mereo, 2, *serve*
meritum, -i, n. *service*
mētor, 1, dep. *measure*
metus, -ūs, m. *fear*
mico, 1, micui, *glitter, dart, flash*

95

migro, 1, *emigrate*
miliens, adv. *a thousand times*
militia, -ae, f. *service, warfare*
milito, 1, *serve*
minuo, 3, minui, minūtum, *lessen, weaken, dishearten*
miror, 1, dep. *wonder*
mirus, adj. *marvellous*
misceo, 2, miscui, mixtum, *confuse, embarrass*
misericordia, -ae, f. *pity*
mitto, 3, misi, missum, *send, dismiss*
mōbilis, adj. *movable*
modicus, adj. *moderate*
modo, adv. *only*; (= dummodo), *if only*; quem ad modum, *just as*
modus, -i, m. *measure, manner, amount of consumption, limit, restriction*
mōlēs, -is, f. *difficulty, prodigy*
mollio, 4, *soften, relieve, graduate, make supple*
mollis, adj. *soft*
mōmentum, -i, n. *factor, influence*
montānī, adj. *mountain folk*
mora, -ae, f. *delay*
morātor, -ōris, m. *lingerer*
mōs, mōris, m. *custom*
mōtus, -ūs, m. *movement, motion*
moveo, 2, mōvi, mōtum, *begin (war), make a disturbance, influence*
multifāriam, adv. *in many directions*
mūnimentum, -i, n. *fortification, protection*
mūnio, 4, *fortify, build* (road)
mūnus, -eris, n. *gift*

nanciscor, 3, nactus, dep. *obtain*

necdum, adv. *and not yet, not yet*
necessitās, -ātis, f. *necessity*
nemus, -oris, n. *glade, wood, grove*
nēquāquam, adv. *by no means*
nēquiquam, adv. *to no purpose, in vain*
nervus, -i, m. *muscle, sinew*
nimbus, -i, m. *storm-cloud*
nimius, adj. *excessive*
nitor, 3, nisus or nixus, dep. *strive*
nivālis, adj. *snowy*
nivōsus, adj. *snowy*
no, 1, *swim*
nocturnus, adj. *of the night*
nondum, adv. *not yet*
noto, 1, *note, mark*
novēnī, adj. *nine each*
novissimum agmen, *the rear*
noxa, -ae, f. *guilt, felony*
nūdo, 1, *lay bare, expose*
nūdus, adj. *bare, denuded*
numerus, -i, m. *quantity*
nummus, -i, m. *coin, piece*
nūper, adv. *lately*
nusquam, adv. *nowhere*

obeo, -ire, -ii, -itum, *attend to*
obequito, 1, *ride up to*
obicio, 3, -iēci, -iectum, *present*
obligo, 1, *bind*
obliquus, adj. *oblique, aslant*; per obliqua, *on the flank*
oblittero, 1, *erase*
oboediens, adj. *obedient*
obruo, 3, -rui, -rutum, *bury, overwhelm*
observo, 1, *observe, keep*
obsideo, 2, -sēdi, -sessum, *besiege*
obsidio, -ōnis, f. *blockade*
obsisto, 3, -stiti, *resist, withstand*
obsitus, adj. *overgrown*

obsolesco, 3, -lēvi, -lētum, become forgotten, obliterated
obsto, 1, -stiti, -stitum, make a stand
obstrepo, 3, -strepui, -strepitum, make a noise, din
obtineo, 2, -tinui, -tentum, tr. hold; intr. prevail, become established, gain currency
obvius, adj. in the way, likely to meet
occāsio, -ōnis, f. opportunity; per occāsiōnem, as opportunity offered
occāsus, -ūs, m. setting
occultus, adj. secret, dark, hidden
occupo, 1, anticipate, am the first
occurro, 3, -curri, -cursum, meet
occurso, 1, rush to meet
odium, -i, n. hatred
odor, -ōris, m. smell
offero, offerre, obtuli, oblātum, offer
oleum, -i, n. oil
omitto, 3, -mīsi, -missum, let go, abandon, lay down, cease
operam dare, take pains, see to it
operio, 4, -perui, -pertum, cover
opīmus, adj. rich, valuable
oppeto, 3, -īvi (-ii), -ītum, seek
oppidānus, adj. of a town, townsman
oppleo, 2, -ēvi, -ētum, cover
opportūnē, adv. at the proper time
opprimo, 3, -pressi, -pressum, overwhelm
oppugnātio, -ōnis, f. attack

oppugno, 1, attack
*ops, opis, f. help, means, power; opēs, plur. resources
opto, 1, desire
opulentus, adj. rich
ōra, -ae, f. coast, shore
ōrātor, -ōris, m. speaker, pleader
orbis terrārum, the world
oriundus, adj. sprung
ostendo, 3, -tendi, -tensum (-tum), show, point out, offer
ostento, 1, display
ostium, -i, n. mouth (of a river)
ōtium, -i, n. ease; per ōtium, at ease, leisure

pābulum, -i, n. food, sustenance
paciscor, 3, pactus, dep. bargain, agree
pāco, 1, pacify
paluster, -tris, adj. marshy
pando, 3, pandi, passum (pansum), spread, open, dissolve
par, paris, m. a pair
parco, 3, peperci, parsum, spare
pāreo, 2, obey, comply with
pario, 3, peperi, partum, win, bring forth, produce
pariter, adv. equally
particeps, -ipis, adj. sharer, sharing
parturio, 4, brood upon
parum, adv. too little
parumper, adv. for a short while
passim, adv. far and wide
patefacio, 3, -fēci, -factum, open, expose
patens, adj. open
pateo, 2, lie open
patiens, adj. admitting

97

pauci, adj. *few*
paulātim, adv. *little by little*
paulisper, adv. *for a while*
paveo, 2, pāvi, *cower*
pavidus, adj. *afraid*
pavor, -ōris, m. *fright*
pedes, -itis, m. *infantry-man*
pedetentim, adv. *foot by foot*
pedica, -ae, f. *trap*
penes, prep. *in the hands of, with*
penitus, adv. *right through*
percello, 3, -culi, -culsum, *dismay, terrify*
percitus, adj. *fiery, head-strong*
percontor, 1, dep. *ask*
percūro, 1, *heal over*
perfringo, 3, -frēgi, -frac-tum, *break through*
pergo, 3, -rexi, -rectum, *proceed*
perimo, 3, -ēmi, -emptum, *destroy*
perinde ac, *just as*
perinīquō animō, *with im-patience*
perlevis, adj. *very light*
perlicio, 3, -lexi, -lectum, *entice*
perlustro, 1, *survey, traverse*
perniciēs, -ēi, f. *destruction, undoing, carnage*
peropportūnē, adv. *very op-portunely*
peropportūnus, adj. *very op-portune*
perrumpo, 3, -rūpi, -rup-tum, *break through*
perscindo, 3, -scidi, -scissum, *rend, tear through*
perscrūtor, 1, dep. *examine*
pervādo, 3, -vāsi, -vāsum, *spread through*
pervasto, 1, *devastate, lay waste*

pervius, adj. *practicable, pas-sable*
piger, adj. *indolent*
pigritia, -ae, f. *dejection*
pilum, -i, n. *javelin*
pinna, -ae, f. *wing*
pix, picis, f. *pitch*
plānus, adj. *level, easy*
plērique, adj. *many, the majority*
polliceor, 2, dep. *promise*
populāris, -is, m. *fellow-countryman*
populātio, -ōnis, f. *raid*
porrigo, 3, -rexi, -rectum, *stretch*
porro, adv. *accordingly*
portendo, 3, -tendi, -ten-tum, *promise, portend*
possideo, 2, -sēdi, -sessum, *possess*
postulo, 1, *demand*
potens, adj. *capable of*
potestās, -ātis, f. *opportunity*
pōtio, -ōnis, f. *drink*
potissimum, adv. *chiefly, preferably, in preference to all others*
prae, prep. *for, by reason of*
praealtus, adj. *very deep, very high*
praebeo, 2, *give, present, leave, cause, occasion*
praeceps, -cipitis, adj. *head-long, hasty*
praecipio, 3, -cēpi, -ceptum, *anticipate*
praecipito, 1, *throw headlong*
praedātor, -ōris, m. *raider*
praedor, 1, dep. *plunder*
praeficio, 3, -fēci, -fectum, *put in charge, place in command, select for com-mand*
praefor, 1, dep. *state in preface*
praegelidus, adj. *very cold*

98

praegredior, 3, -gressus, dep.
go in front
praemoneo, 2, *warn before-hand*
praeparo, 1, *provide in advance*
praepotens, adj. *very power-ful*
praeruptus, adj. *precipitous*
praesidium, -i, n. *garrison*
praestans, adj. *outstanding*
praeter, prep. *beyond, past*
praetereā, adv. *besides*
praeterferor, -ferri, -lātus, *rush past*
praetermitto, 3, -mīsi, -missum, *omit, neglect, lose, let slip*
praeterquam, adv. *except*
praetervehor, 3, -vectus, dep. *sail along*
praetōrium, -i, n. *general's tent* or *council*
praeustus, adj. *frost-bitten*
prandeo, 2, pransi, pransum, *take breakfast*
precātio, -ōnis, f. *prayer*
premo, 3, prcssi, pressum, *press*
pretiōsus, adj. *valuable*
pretium, -i, n. *price, reward, sale, bribe*
prīmōrēs, -um, m. plur. *leading men*
princeps, -cipis, m. *chief, chieftain*; adj. *first*
principium, -i, n. *beginning, outset*
prō, prep. *as good as, in proportion to, having regard to*
prōcēdo, 3, -cessi, -cessum, *go forward, proceed, advance*
prōcido, 3, -cidi, *fall forward, collapse*
prōclīvis, adj. *downhill, sloping, easy*

procul, prep. *at a distance from*
prōcūro, 1, *avert, attend to, expiate*
prōcurro, 3, -curri, -cursum, *run forward*
prōdigium, -i, n. *portent*
profectio, -ōnis, f. *departure*
profectō, adv. *surely, assuredly*
proficiscor, 3, -fectus, dep. *set out*
profiteor, 2, -fessus, dep. *declare*
prōflīgo, 1, *decide*
prōgeniēs, -ēi, f. *offspring*
prōicio, 3, -iēci, -iectum, *throw down*
proinde, adv. *accordingly*
prōlābor, 3, -lapsus, dep. *slip forward*
prōmunturium, -i, n. *promontory*
prōnuntio, 1, *proclaim*
prōnus, adj. *sloping, easy*
properē, adv. *hastily*
propinquitās, -ātis, f. *proximity*
propinquus, adj. *close*
prōpōno, 3, -posui, -positum, *offer, put before*
prōpugnātor, -ōris, m. *defender*
prōpulso, 1, *ward off*
prōsequor, 3, -secūtus, dep. *attend*
pūbēs, -ris, adj. *fully grown*
pūbesco, 3, -bui, *reach manhood, emerge from boyhood*
pudor, -ōris, m. *shame*
puerīliter, adv. *boyishly, childishly*
pulvis, -eris, m. *dust*
puppis, -is, f. *stern*
purgo, 1, *clear*
putrefacio, 3, -fēci, -factum, *cause to crumble*

99

quācunque, adv. *wherever*
quadrātus, adj. *four-sided*;
quadrātō agmine, *in fighting order*
quadrīduum, -i, n. *four days*
quam maxImē, adv. *as much as possible*
quam prīmum, *as soon as possible*
quantum, -i, n. *as much as*
quasso, 1, *shake, batter*
quaternI, adj. *four each*
quIcunque, pr. *whoever*
quIsnam, quInam, pr. *who pray, what pray?*
quIsquam, pr. *anyone*
quIsquis, pr. *whoever*
quoque, adv. *also, even*

rabIēs, -ēi, f. *madness*
rādIx, -īcis, f. *root, base, foot*
raptIm, adv. *hurriedly*
rārō, adv. *rarely, seldom*
rārus, adj. *scattered, far apart*
ratus, partic. of reor, *thinking*
ratus, adj. *fixed, abiding, sure*
recēdo, 3, -cessi, -cessum, *retire*
recens, adj. *fresh, recent, emboldened*
receptus, -ūs, m. *retreat*
recIpero, 1, *recover*
recIpio, 3, -cēpi, -ceptum, *admit, receive, recover, regain*
recIproco, 1, tr. *move backwards and forwards*; anImam, *breathe in and out*
recreo, 1, tr. *revive*
rector, -ōris, m. *keeper, driver*
rectus, adj. *direct*
redIgo, 3, -ēgi, -actum, *regain, realise*
redItus, -ūs, m. *return*

refero, referre, rettuli, relā-tum, *recall, report*; pedem, *retreat*
rēfert, imp. *it is of use or importance*
refIcIo, 3, -fēci, -fectum, *repair, recover*
regIo, -ōnis, f. *direction*
rēgulus, -i, m. *chieftain, petty king*
reIcIo, 3, -iēci, -iectum, *refer*
relIgo, 1, *bind*
relIquIae, -ārum, f. plur. *relics, remnants*
relIquus, adj. *remaining, the rest of*
remItto, 3, -mīsi, -missum, *remit, abate*
renovo, 1, *renew*
repens, adj. *sudden*
repente, adv. *suddenly*
repentInus, adj. *sudden*
repercutIo, 3, -cussi, -cus-sum, *cause to re-echo*
repeto, 3, -petīvi, -petitum, *fetch, return for*; rēs, de-mand satisfaction
repudIo, 1, *spurn, reject*
reputo, 1, *reflect*
rēs, rēi, f. *business, reality, fact, event, importance*
resolvo, 3, -solvi, -solūtum, *loose, cast off*
respectus, -ūs, m. *refuge*
respIcIo, 3, -spexi, -spectum, *look back, look back at*
restItuo, 3, -stitui, -stitū-tum, *restore*
retInāculum, -i, n. *hawser*
retIneo, 2, -tinui, -tentum, *arrest, cling to*
revoco, 1, *recall*
rIgeo, 2, rigui, no supine, *am stiff*
rIgor, -ōris, m. *stiffness*
rIpa, -ae, f. *bank*
rōbur, -oris, n. *the flower, the pick*

100

rudis, adj. *unskilled*
ruina, -ae, f. *fall (of buildings)*
ruo, 3, rui, rutum, *fall*
ruptor, -ōris, m. *breaker*

sacrum, -i, n. *sacred offering*
saevio, 4, *become frenzied, rage, show severity*
sagulum, -i, n. *cloak*
sanctitās, -ātis, f. *integrity*
sānē, adv. *indeed, certainly, very much*
sarcina, -ae, f. *baggage*
saucius, adj. *wounded*
scrībo, 3, scripsi, scriptum, *write, enrol*
scūtum, -i, n. *shield*
sēcessio, -ōnis, f. *withdrawal*
seco, 1, secui, sectum, *cut*
secundum, prep. *following next after*
secundus, adj. *successful, second*; **in secundam aquam, secundā aquā,** *downstream*
sēditio, -ōnis, f. *quarrel*
sēdo, 1, tr. *settle*
segnis, adj. *slack, idle*
sēmenstris, adj. *of six months*
sēmet, pr. *themselves*
senesco, 3, senui, *grow old or feeble*
sensim, adv. *gradually*
servitūs, -tūtis, f. *slavery*
sicuti, conj. *as*
sīdus, -eris, n. *constellation*
significo, 1, *give a signal*
signum, -i, n. *sign*
silex, -icis, m. *flint*
simul, adv. *at the same time*; conj. *as soon as*
simulo, 1, *pretend (to be)*
sino, 3, sīvi, situm, *allow*
sinus, -ūs, m. *fold*
situs, adj. *situated*

sociālis, adj. *of, to* or *with allies*
societās, -tātis, f. *alliance*
solitus, adj. *usual, customary*
sollicito, 1, *rouse, tempt, incite, demoralise*
sollicitus, adj. *wary, anxious*
solum, -i, n. *soil*
solvo, 3, solvi, solūtum, *cast off, pay*
sortior, 4, dep. *draw lots*
speciēs, -ēi, f. *aspect, appearance, show*; **in speciem,** *as* or *for a blind*
spectāculum, -i, n. *spectacle*
specto, 1, *have in mind*
speculor, 1, dep. *explore, find out*
spīritus, -ūs, m. *breath*
squālidus, adj. *squalid, unkempt*
stābilis, adj. *stationary*
statio, -ōnis, f. *post*
statīva (castra), *stationary camp*
statuo, 3, statui, statūtum, *set up*
statūra, -ae, f. *stature*
sterno, 3, strāvi, strātum, *lay low*
stimulo, 1, *incite, rouse*
stipendiārius, adj. *tax-payer*
stīpendium, -i, n. *pay*; **stīpendia facere,** *serve (as a soldier)*
stirps, -is, f. *root*
sto, 1, steti, statum, *stand, am fixed, am settled*
strāgēs, -is, f. *destruction, heap*
strātum, -i, n. *bed*
strepo, 3, strepui, strepitum, *resound*
stringo, 3, strinxi, strictum, *draw*
structūra, -ae, f. *building*
struēs, -is, f. *pile*
stuppa, -ae, f. *tow*

101

sub, prep. *under, at*
subeo, 4,-ii(-īvi),-itum,*come close up to, advance up*
subicio, 3, -iēci, -iectum, *place beneath, cast beneath*; passive, *lie beneath*
subigo, 3, -ēgi, -actum, *subdue*
sublīmē, adv. *on high*
submoveo,2,-mōvi,-mōtum, *remove, drive off*
subruo, 3, -rui, -rutum, *undermine*
subsidium, -i, n. *support, reserve*
subsisto, 3, -stiti, *halt*
subveho, 3, -vexi, -vectum, *bring up*
succendo, 3, -cendi, -censum, *set alight*
succlāmo, 1, *cry*
sufficio, 3, -fēci, -fectum, *suffice, am adequate*
summa, -ae, f. *total, total work*; **rērum**, *whole situation*
summum, adv. *at most*
sūmo, 3, sumpsi, sumptum, *take*
supellex, supellectilis, f. *furniture*
superbia, -ae, f. *pride, insolence*
superbus, adj. *proud, arrogant*
supero, 1, *surpass, pass*
superpōno, 3, -posui, -positum, *lay on top*
supersedeo, 2, -sēdi, -sessum, *deem unnecessary* or *superfluous*
supersum, -esse, -fui, *survive*
supervacāneus, adj. *superfluous*
supplicātio, -ōnis, f. *service of intercession*
supplicium, -i, n. *punishment, torment*

suspicio, 3, -pexi, -pectum, *suspect*
sustineo, 2, -tinui, -tentum, *hold up, withstand*
tābēs, -is, f. *slush, squalor*
tābidus, adj. *thawing, slushy*
tabulātum, -i, n. *platform*
taceo, 2, *say nothing of*
taedium, -i, n. *disgust, boredom, discouragement*
taeter, -tra, -trum, adj. *terrible*
tanquam, conj. *on the ground that*
tantum, tantummodo, adv. *only*
tegmen, -minis, n. *shelter, covering*
tēlum, -i, n. *weapon*
temerē, adv. *rashly, roughly*
tempero, 1, *restrain*
temptābundus, adj. *feeling the way*
tempto, 1, *attempt*
tendo, 3, tetendi, tensum (tentum), *strive, struggle*
tentōrium, -i, n. *tent*
tenus, prep. *up to*
teres, -etis, adj. *round*
terminus, -i, m. *end, goal*
tero, 3, trīvi, trītum, *waste, tread*
terreo, 2, *frighten*
terrestris, adj. *of the land*
tīrō, -ōnis, m. *raw recruit*
titubo, 1, *totter, am thrown off balance*
torpidus, adj. *numb*
torridus, adj. *pinched, roasted, hot*
trādo, 3, -didi, -ditum, *relate*
trāgula, -ae, f. *heavy javelin*
traho, 3, traxi, tractum, *postpone, defer*
trāicio, 3, -iēci, -iectum, *throw across*

trāno, 1, *swim across*
tranquillitās, -ātis, f. *quiet, smooth (water)*
transcendo, 3, -scendi, -scensum, *climb, scale*
transfīgo, 3, -fixi, -fixum, *pierce*
transfuga, -ae, m. *deserter*
transgredior, 3, -gressus, dep. *cross*
transitus, -ūs, m. *pass, passage, crossing*
transmitto, 3, -mīsi, -missum, *cross over, send across*
transveho, 3, -vexi, -vectum, *carry across*
trecēnī, adj. *three hundred each*
trepidātio, -ōnis, f. *panic, confusion*
trepido, 1, *am in confusion*
trīduum, -i, n. *three days*
triennium, -i, n. *space of three years*
tripertītō, adv. *in three divisions*
tripudium, -i, n. *dance*
tristis, adj. *stern, severe*
trucīdo, 1, *massacre*
tueor, 2, dep. *protect*
tumultuārius, adj. *rough and tumble, irregular*
tumultuor, 1, dep. *fight in a desultory manner*
tumultus, -ūs, m. *commotion, disturbance, panic-producing attack*
tumulus, -i, m. *hill*
turba, -ae, f. *rabble, throng, crush*
turbo, 1, *confound, confuse*
turma, -ae, f. *squadron*
tūtēla, -ae, f. *protection*

ultrā, prep. *beyond;* **adv.** *further, longer*
ultrō, adv. *actually*
ululātus, -ūs, m. *yell*

umbra, -ae, f. *shadow*
ungula, -ae, f. *hoof*
ūnicus, adj. *only*
urgeo, 2, ursi, *press upon, push, press hard, beset*
usque ad, adv. *right up to*
ūsus, -ūs, m. *use*
ut, conj. (with indic.), *when, as;* **(with subj.),** *even though*
utcunque, adv. *whenever*
ūter, utris, m. *leather skin*
utinam, adv. *would that*
utique, adv. *at least*
utrimque, adv. *from* or *on either side*
utrōque, adv. *in either direction*

vacuus, adj. *empty*
vadum, -i, n. *shallow place, ford*
vagor, 1, dep. *range, wander*
validus, adj. *strong*
vallum, -i, n. *rampart*
vario, 1, *vary*
varius, adj. *various;* **variē, adv.** *in various ways*
vāsa colligere, *pack up, strike camp*
vastitās, -ātis, f. *devastation*
vectīgālis, adj. *tributary*
vel...vel, conj. *either...or*
vēlītēs, -um, m. plur. *skirmishers*
velut, adv. *as*
venia, -ae, f. *pardon, quarter*
vepres, -is, m. *bramble*
vēr, -is, n. *spring*
vergo, vergere, *slope, look towards*
verso, 1, *ply, work upon*
vertex, -icis, m. *hurricane*
vērus, adj. *true*
verūtum, -i, n. *dart, javelin*
vestīgium, -i, n. *track, trace*
vestīmentum, -i, n. *clothing*
vestio, 4, *clothe*

vestītus, -ūs, m. *dress*
veto,1,vetui,vetitum,*forbid*
vetustās, -ātis, f. *lapse of time*
vetustus, adj. *ancient*
vexātio, -ōnis, f. *pain*
vibro, 1, *brandish*
vīcīnālis, adj. *local*
victrix, -īcis, adj. *victorious*
vīculus, -i, m. *hamlet*
vīcus, -i, m. *village*
videor, 2, vīsus, dep. *seem, seem good*
vigeo, 2, *am vigorous*
vigilia, -ae, f. *waking, time of waking, watch*

vindex, -icis, m. *avenger*
vindico, 1, *claim, assert a claim to*
vīnea, -ae, f. *pent-house*
violo, 1, *maltreat*
virgultum, -i, n. *undergrowth, shrub*
vīso, 3, vīsi, vīsum, *visit, look at*
vitium, -i, n. *vice*
vixdum, adv. *scarcely yet*
volgō, adv. *in general*
voltus, -ūs, m. *face*
voluntarius,adj.*self-imposed*
volūto, 1, *roll*